세계철학사 3

世界哲学史 3
SEKAI TETSUGAKUSHI 3: CHUSEI I CHOETSU TO FUHEN NI MUKETE

Edited by Kunitake Ito, Shiro Yamauchi, Takahiro Nakajima, Noburu Notomi
Copyright © 2020 Kunitake Ito, Shiro Yamauchi, Takahiro Nakajima, Noburu Notomi
All rights reserved.
Original Japanese edition published by Chikumashobo Ltd., Tokyo.
This Korean edition is published by arrangement with Chikumashobo Ltd., Tokyo
in care of Tuttle–Mori Agency, Inc., Tokyo through Bestun Korea Agency, Seoul.

이 책의 한국어판 저작권은 일본의 터틀–모리 에이전시와 베스툰 코리아 에이전시를 통해
일본 저작권자와 독점 계약한 '도서출판 b'에 있습니다. 저작권법에 의해 한국 내에서 보호를
받는 저작물이므로 무단전재나 복제, 광전자 매체 수록을 금합니다.

세계철학사 3

중세 I
― 초월과 보편을 향하여

책임편집 이토 구니타케^{伊藤邦武}
야마우치 시로^{山內志朗}
나카지마 다카히로^{中島隆博}
노토미 노부루^{納富信留}

옮긴이 이신철

도서출판 b

| 차례 |

머리말 노토미 노부루 _11

머리말

노토미 노부루納富信留

　'철학사'는 지금까지 서양, 요컨대 그리스·로마로부터 현대의 유럽과 북아메리카까지의 범위만을 대상으로 하고, 거기서 벗어난 지역이나 전통을 틀 바깥에 자리매김해왔다. 요컨대 '철학'(필로소피아)은 서양 철학을 가리키는 것으로 이해되고, 인도와 중국과 이슬람과 같은 유력한 철학의 전통들도 '사상'이라는 이름으로 구별되어왔다. 그 외의 지역, 예를 들어 라틴아메리카, 러시아, 아프리카, 동남아시아, 일본 등이 고려되는 일은 거의 없었다.

　그러나 현재 우리가 살아가는 세계는 서양 문명의 틀을 넘어서 다양한 가치관과 전통이 교차하며 일체를 이루는 새로운 시대를 맞이하고 있다. 오늘날 환경이나 우주의 문제 등, 지구마저도 넘어서는 규모의 발상이 필요로 되고 있다. 새삼스럽게 '세계'라는 시야로부터 철학의 역사를 바라보면, 고대 문명에서 철학들의 탄생, 세계 제국의 발전과 전통들의 형성, 근대 사회와 근대 과학의 성립, 세계의 일체화와 분쟁을 거쳐, 나아가 그 이후로라는 흐름이 보이게 된다. 우리는 그 커다란 '세계' 속에서 살아가고 있다.

'세계철학World Philosophy'은 단지 이런저런 지역들의 철학적 영위를 긁어모으는 것이 아니라 철학이라는 장에서 '세계'를 묻고, '세계'라는 시야로부터 철학 그 자체를 다시 묻는 시도이다. 거기서는 인류·지구라는 커다란 시야와 과거·현재·미래라는 시간의 흐름으로부터 우리의 전통과 인간 지성의 가능성이 재검토된다. 아시아의 한 부분에 있으면서 서양 문명을 받아들여 독자적인 문화를 구축해온 일본으로부터 '세계철학사'를 생각하여 발신하는 것은 철학에서 커다란 역할을 하게 될 것이다.

이 시리즈 '세계철학사'는 고대로부터 현대까지를 모두 여덟 권으로 조감하고, 시대를 특징짓는 주제로부터 이런저런 전통들을 동시대적으로 살펴 간다. 그것들 사이에는 중간 지대와 상호 영향이 있으며, 과학과 종교와 경제와의 관련도 고려하게 되면, 지금까지 돌아보지 못했던 앎의 역동적인 움직임이 재현된다. 세계에서 전개된 철학의 전통이나 움직임을 전체로서 검토함으로써 현재 우리가 어디에 서 있는지, 장래에는 어떻게 있어야 하는지에 대한 시사점이 얻어질 것이다.

인류에게 '철학'이라고 불리는 몇 가지 움직임이 태어났다고 생각되는 기원전 8세기부터 기원전 2세기까지의 시대를 다룬 제1권 '지혜로부터 앎의 사랑으로', 제2권 '세계철학의 성립과 전개'를 이어받아 이 제3권 '초월과 보편을 향하여'에서는 기원후 7세기부터 기원후 12세기라는 범위를 살펴 간다. 인류의 앎의 영위를 새로운 시야에서 재구축하기, 그것이 '세계철학사'의 시도이다.

제1장

보편과 초월에 대한 앎

야마우치 시로山內志朗

1. 중세라는 시대

중세란 무엇인가?

중세 철학을 생각할 때 '중세'라는 개념에 대한 경계심에서 시작하는 것은 중요한 일이다. '중세medium aevum'라는 용어·개념 그 자체가 커다란 선입견을 포함하고 있기 때문이다. '중세'라는 개념은 그리스와 로마에서 전개된 고전 고대와 그것을 부흥시킨 르네상스 시대 사이에 끼인 '중간 시대', 문화가 끊겨 있던 시대라는 의미였다.

'중세'라는 개념은 르네상스와 종교 개혁 이후의 시대에 서서 그 관점에서 고전 세계의 재생으로서 근세를 파악하는 의도를 담고 있다. '중세'는 중간 시대로서 바라본 호칭이자 부정적인 가치가 담겨왔다. 그렇긴 하지만 '중세'라는 개념은 일반적으로 정착해 있고 그것을 대신하는 시대 구분도 제기되어 있지 않은 까닭에, 여기서도 '중세'라는 시대 구분을 사용한다.

중세의 시작과 끝을 자세하게 한정하는 것은 주변적인 문제이다. '중세란 무엇인가'라는 개념 규정이 정해지지 않으면 시작도 끝도 정해지지 않는다. 중세라는 호칭은 서양에 국한된다는 주장도 있다. 그것은 편협함과 동시에 '세계철학'이라는 시각에서 벗어나 있다.

인도, 중국, 일본에 '중세'를 적용하는 것이 가능하냐는 문제는 있다. 하지만 각 지역의 사상적 변모라는 국면에 한정하여 고려하지 않고 13세기에 세계 시스템이 시작되어 근세로의 이행이 시작된다고 생각하면, 이슬람과 동양에서도 유럽에서의 중세와 거의 대응하는 시대 구분을 생각할 수 있다. 이 책 제3권은 주로 7세기에서 시작하여 12세기에 이르는 중세의 전반부까지를 다룬다.

고대 말기부터 중세 초라는 이행기는 어떠한 시대였던가? 유럽에서는 지중해 연안의 고전 고대 문화가 알프스를 넘어서 게르만 세계로 들어가 독자적인 전개가 시작된 시기였다.

아라비아 세계에서는 이슬람이 성립하여 아라비아반도뿐만 아니라 짧은 시간에 아프리카 북부, 스페인, 중앙아시아까지 판도를 넓혀갔다. 중국에서는 수·당 시대라는 황금시대를 맞이하며, 그 후 분열 시대를 거쳐 송나라에 의한 통일을 맞이했다.

인도 역시 용수龍樹(나가르주나)로 대표되는 고차적인 형이상학을 발전시켰고, 일본에서도 구카이空海에서 볼 수 있는 것과 같은 우주적 규모의 형이상학을 구상할 수 있는 사상가가 등장했다. 문화가 특정 지역 안에 갇힌 채로 있지 않은 시대가 도래한 것이다.

이 시기에 7세기의 이슬람 제국, 그 후의 셀주크 튀르크 제국, 몽골 제국의 전개에서 볼 수 있듯이 민족의 대규모 이동과 침입이 세계를 움직인 시대였다. '세계 시스템'이 태동하기 시작한 것이다.

정치적, 경제적, 군사적 측면에서의 세계적인 교류가 시작된 것만이 아니다. 철학 역시 교류를 시작한다. 그리스 철학은 시리아를 거쳐 바그다드에 도착하며, 거기서 아라비아어 등으로 번역·연구·보존되어 12세기 이후 유럽으로 다시 흘러들어오기 위한 모체가 되었다. 그리스 문화의 동점이 일어난 것이다. 인도에서 발원하는 불교도 당나라 시대에 현장玄奘이 인도로 여행하여 당나라에 매우 많은 양의 불교 경전을 가져오며, 그것들이 한역되어 동양의 사상과 문화의 보고를 형성하는 압도적인 기원을 만들어냈다. 그 한역 불전이 일본에 전해져 일본 정신문화의 기축을 제공한 것은 아무리 강조해도 지나치지 않다.

고대 문화의 계승으로서의 중세

고대 문화란 문화의 기본 형태가 되는 고전이 축적된 시대였다.

그리스에서도 로마에서도, 그리고 성서, 꾸란, 불교 경전, 사서오경 등, 현대에 이르기까지 고전으로서 계승되는 문헌이 만들어진 시대였다. '고전 고대'라고 불리는 것이 어울리는 문화의 기본 형태가 완성된 시대였다. 그에 이어 나타난 중세란 고전을 형성하는 것이 아니라 고전을 계승하고 그에 대한 주해commentary(주석과 해설)를 축적하는 시대라는 일반적 특징이 발견된다.

이슬람, 인도, 중국, 일본에서 중세의 전개에 관해서는 이 책의 제6장, 제8장, 제9장, 제10장에서 논의한다. 그 전개들은 각 장에 맡기기로 하고, 여기서는 서양에서의 전개를 중심으로 하여 중세의 '세계철학'에서의 자리매김을 고찰하고자 한다.

고대 그리스의 영향은 이슬람 세계에 대해 문화적 기반을 줌과 동시에 아라비아 세계에서 계승된 그리스 철학이 서양 세계로 12세기 이후 다시 흘러들어와 서양 문화를 활성화하는 계기가 되었다.

고대와 중세를 매개하는 것, 그리고 서양과 이슬람 세계를 아울러 문화적 기초가 된 것은 그리스 철학, 특히 아리스토텔레스였다. 이 점은 결정적인 중요성을 지녔다. 물론 플라톤, 에우클레이데스, 갈레노스, 플로티노스 등도 이슬람 세계에 커다란 영향을 미쳤지만, 앎(에피스테메)의 계승이라는 점에서는 아리스토텔레스가 중심이 된다.

그리스어로부터 시리아어, 아라비아어로의 번역도 중요한 작업이었다. 바그다드에서 아리스토텔레스의 저작은 그리스어 또는 시리아어로부터 아라비아어로 번역되며, 이러한 아라비아어 문헌들이 12세기 이후 스페인의 톨레도에서 정력적으로 라틴어로 번역되어 서구 전역으로 전해진다. 번역 기술이 높아짐에 따라 직접 원전으로부터 번역할 수도 있게 되어가지만, 처음에는 복수의 언어를 매개한 중역이 이용되었다는 점은 번역이라는 작업의 어려움을 뚜렷이 보여준다.

12세기에 이르기까지는 수도원과 수도원 부속 학교에서 학문이 계승되고 있었다. 13세기에는 아리스토텔레스의 학문이 가르쳐지기 시작하여 중세 철학에 대해 축을 부여하게 되었다. 13세기에 성립한 대학(파리, 옥스퍼드, 볼로냐 등)에서 전문 교육의 전 단계로서의 자유 학예에서 아리스토텔레스의 저작을 통람할 것이 요구되기도 하여 아리스토텔레스가 중세에서의 사상적 기반이 된 것이다. 오르가논이라고 불린 논리학 책들(『범주론』, 『명제론』, 『분석론 전서』, 『분석론 후서』, 『소피스트적 논박에 대하여』 등), 『형이상학』, 『자연학』, 『혼에 대하여(데 아니마)』가 기초 과목으로서 필수였다.

대학에서 아리스토텔레스의 저작을 가르치는 것은 필연적으로 방대한 숫자의 주해서를 만들어냈다. 그 후 근대에 이르기까지 아리스토텔레스에 대한 주해는 계속해서 작성되어왔다. 자유 학예 학부 뒤에 법학부, 신학부, 의학부 등으로 진학하고 나서는 아리스토텔레스로부터 벗어난다. 신학부에서는 페트루스 롬바르두스(1100년경~1160)의 『명제집』과 성서를 강독했다. 수업의 형식은 설명과 주해였다.

주해는 서양 중세에서 중심적인 작업이었다. 그리고 그러한 주해는 인도와 중국, 일본과 이슬람에서도 중심적인 의미를 지니고 있었다. '주해'라는 사유의 형식은 사상의 전달 매체라는 것에 그치지 않고 사상의 중요한 본래적인 형식이며, 그와 같은 형태로 '세계철학사'의 대부분이 전개되어온 것으로 보인다.

주해의 역사만이 사상사를 구성하는 것은 아니지만, 중국에서도 일본에서도 그리고 인도에서도 이슬람에서도 기본적인 사유 형식으로 하고 있었던 것은 주해의 하나의 모범적인 모습이었다.

2. 초월이라는 것

중세가 고대에 덧붙인 것

중세는 공백의 시대가 아니라 고전 고대를 계승 발전시킨 시대였다. 그리고 중세는 고대에는 논의하지 못한 논점을 덧붙일 수 있었다. '초월'이라는 계기가 명확해지는 것이다.

중세를 파악할 때 어느 지역을 생각하든지 간에 그리스도교, 이슬람, 불교, 유교라는 종교가 세계관의 기반이어서 인간의 사고를 구속했으며, 머지않아 근세의 합리주의에 의해 극복되었다고 보는 것은 일면적이다. 왜냐하면 17세기에 이르러서도 사상의 중심은 종교가 기본이며, 문화의 중심이 세속적인 것으로 되는 것은 19세기를 기다려야만 했기 때문이다.

세계를 보는 틀에서 중세는 독자적인 관점을 다듬어나갔다. 세계와 인간을 바깥쪽에서 파악하는 관점을 획득한 것이다. 그것은 '초월'이라는 논점이다. 이 초월이라는 것은 일신교와 강하게 연결되지만, 그것에 고유한 것은 아니다. 인간과는 단절된, 이해할 수 없는 초월자와의 관계에서 세계를 보는 관점이 등장하는 것이다. 현세 이익의 관점에 머무는 한, 신은 현세에 구속된 채로 있다.

초월자의 존재 방식을 '신'으로 한정하면, 인도의 종교처럼 다신교 세계에서의 신들과의 관련이 어려워지며, 더 나아가 또한 그러한 특별한 존재자를 '초월자'라고 이름 짓는 것에도 문제가 있다. 왜냐하면 자연 종교나 원시 종교에서 '신적인 것'은 초월한 것이 아니기 때문이다. 특정한 장소에 치우쳐 있거나 일족의 수호신으로 있거나 자연물이나 상에 깃들이거나 인간에게 빙의하는 것이거나 한다. '신적인 것'은 결코 초월하는 것이 아니라 내재신이었던 것이다.

유대교는 일신교라는 매우 특이한 종교 형태를 개시했다. 그때까지 볼 수 없었던 일신교라는 형태를 취함으로써 초월신이 등장했다. 이 초월적 일신교는 그리스도교, 이슬람으로 계승되며, 세계의 종교 대부분을 차지하게 되었다. 세계 인구의 거의 절반이 일신교를 신앙하고 있다고 생각된다.

그리스 철학에서는 플라톤의 이데아론에서 초월의 계기가 발견되지만, 아리스토텔레스에게서는 질료 형상론을 기초로 하는 것에서 보이듯이 초월의 계기는 적다. 플로티노스에게서 유출론이라는 틀이 제시됨으로써 초월과 내재는 괴리된 두 가지 논점인 것이 아니라 매개가 짜 넣어지게 되었다.

플로티노스가 그리스도교의 이단 그노시스에 대한 논박을 저술하고 있는 것에서도 보이듯이 고대 말기는 그리스에서 유래하는 헬레니즘과 유대교·그리스도교에서 보이는 헤브라이즘이 융합하는 시기였다고 정리할 수도 있다.

왕래와 여행의 시대

물론 초월이라는 논점도 단절만이 논의되는 것은 아니며 일자로부터의 출발과 귀환이라고 하고 있듯이 왕래가 문제가 된다. 초월과 왕래는 한 몸을 이루는 문제이다.

왕래라는 틀과 결부되는 것은 '여행'이라는 표상이다. 극단적으로 말하자면, 중세에 인간은 '나그네viator'였다고 해도 지나친 말이 아닐 것이다. 그리고 실제로 이 세상에 있는 인간은 하늘의 조국을 떠난 존재로서 신학서에서 '나그네'로 기록되었다.

12세기 이후 수많은 상인과 장인이 각 지역을 편력하게 되었다. 서민 역시 성인 숭배와 성지 순례를 위해 여행에 나서는 자가 늘어났다.

이것은 세계 전체에 해당한다. 그들은 순례하는 사람들이었다.

길을 걷는 나그네, 하늘에 있는 조국에서 벗어나, 자신의 집으로부터 멀리 떠나 부자유한 상태에 있는 나그네였다. 근세에 들어서자 사람들은 대항해 시대에 들어서고 배navis로 세계를 항해하는 항해자navigator가 되었다. 중세라는 시대는 인간이 교통에서도 세계에서 차지하는 위치에서도 나그네였던 시대인 것이다.

의식주가 부족하고 병에 걸리기 쉬워 서로 도우며 살아가는 것이 나그네였다. 이성에 의해, 자기의식에 의해 세계의 중심에 자리한다는 것과 같은 생각을 중세인은 지니지 않았다.

나그네란 이 세상에 있고 상처받기 쉬운 육체와 정신을 가진 자로서의 인간이었다. 예를 들어 둔스 스코투스(1265/6~1308)가 존재의 일의성이라는 문제를 설정한 것은 '나그네(인간)의 지성intellectus viatoris'에 의해 신을 자연적으로 인식할 수 있는가 하는 문제 설정에서였다.

중세에 신은 부정신학에서처럼 단절된 것으로서 표상되는 예도 있었지만, 기본적으로 '아버지인 신'이라는 표현에서 볼 수 있듯이 하늘나라가 조국, 이 세상이 여행 도정이라는 틀이 자주 보였다. 신은 단절되어 초월한 자가 아니었다. 하지만 하늘에 자리하는 자로서 파악되었듯이 현세적인 존재자가 아니었다.

신이란 절대적으로 초월하는 것도 아니고 이 세상에 내재하는 것도 아니며 초월과 내재를 아울러 지니는 존재인바, 그 양의성이 교회에 의해 관리되고 있었다. 신과의 양의적인 관계를 개개인의 자유 속에서 받아들이고자 한 것이 12세기에 시작되는 다양한 이단의 흐름이며, 그것은 근세에서의 종교 개혁과 결부되어간다. 거기에 유명론이 어떻게 관여하는지는 『세계철학사』 제5권에서 전개되게 될 것이다.

성령론을 둘러싼 틀

초월과 내재의 계기는 인간 정신의 틀에 관계된다. 그리스에서의 기본적 정신 원리는 프쉬케(혼)이고 개체성을 지니며, 생전에도 사후에도 자기 동일성을 지니는 것으로 생각되었다. 그리스도교에서의 기본적 정신 원리는 프네우마(성령)이며, 이쪽은 개체적인 것이 아니라 관계적인 것이고 '유대', '사랑'과 서로 겹쳐지는 개념이었다. 신과 예수, 신과 인간, 인간과 인간, 신과 천사를 매개하고 교회를 통일하는 원리, 마리아가 수태하는 원리 등, 실로 다종다양한 기능을 지니는 것이었다.

프쉬케(혼)는 실체(우시아)와 더불어 그리스 철학의 핵심을 형성하는 것인데 반해, 그리스도교에서는 프네우마(성령)가 아가페(라틴어로는 카리타스)와 함께 그리스도교 신학의 핵심을 구성했다.

그리스 철학에서는 실체 개념이 기초가 되며, 따라서 속성·성질·양태와 같은 것이 일의적으로 실체에 귀속한다고 생각되었다. 정념(파토스) 역시 '수동, 정념, 고난, 수난'이라는 네 가지 의미를 아울러 지니며, 거기에 서양적 정념론의 기본이 놓이게 되었다.

고대의 스토아학파에 있어 정념이란 '잘못된 인식으로 인해 생기는 병적 일탈 상태'이며, 인식을 정정함으로써 해방되는 것이었다. 정념이란 혼이라는 사유하는 실체의 양태라고 생각되고, 사유라는 기본 원리의 일탈 상태로 여겨지게 되었다.

그러한 스토아학파적인 영혼론, 감정론과 비교해 아우구스티누스의 심리학은 완전히 다른 틀이 되었고, 중세에 커다란 영향을 미쳤다. 요컨대 인간 정신의 기억·지성·의지에 신에게서의 아버지·아들·성령을 대응시키고 인간 내에도 신의 삼위일체와 비슷한 모습이 있다는 관점은 초월과 내재라는 두 계기를 설명하는 틀로서 기본적인 것이 되었다.

중세를 새롭게 보기 위하여

중세란 신학의 시대였던가? 고전 고대가 축적하는 시대였다면, 중세란 전달·교환하는 시대였다고 할 수 있다. 세계철학이란 철학이 하나이고 단 하나밖에 없다는 것을 함의한다고 하면, 전체성의 위협을 철학에도 가져오게 된다. 모든 철학은 각각 무한성을 갖추고 있다. 아니, 철학이란 보편적인 원리의 탐구가 아니었던가 하는 의문이 솟아날지도 모른다.

페트루스 롬바르두스의 『명제집』과 그 주해가 중세 철학의 기본이 되지만, 거기서의 논의는 다양한 개념의 집적과 정리, 논의의 정리와 소개와 비판이며, 비합리적인 논의가 이루어지는 것이 아니라 복잡하긴 하지만 대단히 합리적인 논의가 전개되고 있다. 지식을 올바르게 이해 수용하고 집적하며 다시 이용하는 형식으로 보존하는 것이 중세에서의 임무였다. 이러한 지식 수용의 형식이야말로 대학에서 배우는 것이고, 이 문화 형식은 새로운 미디어·기술이 보급될 때까지 결정적인 지식 형식이었다.

중세란 어떤 의미에서는 번역과 주해의 시대였다. 독자적인 사상적 틀을 만들어내기보다 수용 계승한 비생산적인 사상의 시대로도 보인다. 철학을 이성과 지성에 의한 보편적 원리의 추구라는 이미지에서 포착하면, 과거 사상의 계승·수용·축적이라기보다 생산적이고 능동적인 이미지가 나타난다.

인류사에서 문명사회가 대륙의 중심부에서 성립한 것에 반해, 중세란 세계 시스템의 성립을 보여주듯이, 문명 세계의 양단에서 두 개의 새로운 문명, 요컨대 북서유럽과 일본의 문화를 낳은 시기이기도 했다. 문화의 세계적 유동의 시대였던 것이다. 일본은 중국, 서유럽은 비잔티움이라는 복합 문명사회에 인접하여 그 영향을 강하게 받았다. 이 시기에 인간이 여행하는 자viator였다는 것은 중세라는 문명의 기본적 존재 방식을 보여준다.

닫힌 문명사회에 존재하고 있던 앎·문화가 그 경계를 넘어서 외부로 유출하고 거기서 독자성을 획득하여 새로운 전개를 이루는 시대야말로 중세이며, 그것이 대륙의 서단과 동단에 이르러 꽃피우는 과정은 바로 '세계철학사'라는 관점이 그려내야 할 사태이다. 서양 고대가 실체라는 부동의 사물을 기초로 했던 데 반해,

중세에는 그리스도교와 이슬람 그리고 불교 모두 세계의 유동성과 흐름을 중심적으로 포착했다.

보편성은 민족 대이동처럼 이동과 침입으로 확대하는 것만이 아니다. 문화의 형식에서 생각할 때, 수용하여 재생산·확대 생산하는 기구를 지니지 않으면 유지될 수 없다. 중세에서의 보편성은 명제의 술어처럼 불변하고 영원한 것이 아니었다. 그것은 발전하는 것이었다.

3. 보편이라는 견지

보편성이라는 것

초월성이라는 것은 철학의 틀과 어울리기 어려운 것처럼 보이기도 한다. 하지만 그것은 표면적이며, 초월성이야말로 보편성의 계기를 가져오는 것이라는 점은 그것이 철학에 어떻게 자리 잡고 있는지를 말해주는 이치를 보여준다.

초월자로서의 신의 표상은 일신교의 성립으로 가능해졌다. 다신교의 시대에 신과 인간은 서로 대립하고 서로 다투는 것이 가능한 가까운 관계에 있었지만, 일신교의 성립과 함께 신과 인간의 거리는 단절되고 초월자로서의 성격을 띠게 되었다.

다신교의 시대에 신들이 인간의 가까운 장소에 있었다 하더라도, 그것은 신들을 제시하는 사람들에 대해 가깝고 특정한 사람들을 수호하는 것이었다. 하지만 신이 초월성을 지니게 됨에 따라 인간에게서 멀어지는 동시에 모든 사람에 대해 등거리의 위치에 있게 되었다고 정리할 수도 있다.

초월신의 성립이 보편적 종교의 시작과 겹쳐진다는 것은 전혀 우연이 아니다. 유대교가 특정한 유대인 계층의 구원으로부터 유대인 귀족층, 중산 계급, 하층민, 차별받는 사람들, 이민족으로까지 확대해 갔다. 신의 초월화는 신의 편재성, 보편성을 초래했다. 신의 초월성은 신의 소원함을 부르는 것이어서는 안 되는 것이다.

중세 철학이 '보편'이라는 개념에 의해 규정되어 있다는 것은 사실이다. 한편으로는 아리스토텔레스 논리학에서의 기초 개념인 '보편'에 대해 중세가 다양한 전개를 보여준 것에서 그 중요성이 찾아진다. 그렇지만 포르퓌리오스의 『에이사고게』에서 발하는 문제, 즉 보편은 사물 속에 존재하는가 지성 속에만 존재하는가 하는 문제에 대해서는 불문에 부쳐 둔다는 것이 보편 논쟁의 발단이 되고, 중세에 활발하게 논의되었다는 것은 주의 깊게 받아들일 필요가 있다.

실체론을 넘어서

그리스에서 중심이 되는 철학 개념은 실체(우시아)이며, 그것의 안정되고 지속적인 존재 방식이 존재(에이나이)에도 미치고 있었다. 물론 아리스토텔레스에게서도 에네르게이아(현실태)와 같은 역동적인 원리가 존재했지만, 그것은 정태적인 것이었다. 실체론을 구성하는 중요한 계기에 '내속성'이라는 것이 있다. 성질이나 양태가 하나의 실체에 귀속되는 것으로서 파악되고 있었다.

정신적 원리로서도 프쉬케라는 한 사람 한 사람의 개체에 깃들이고 개체성을 지닌 원리가 중시된 데 반해, 중세에는 성령, 이슬람에서도 영靈(루흐)이 더욱더 기본적인 원리로서 생각되었다.

고대의 중심 틀이 실체론이었다고 한다면, 중세의 기본 틀은 실체론을 남기기는 하지만 관계성과 유동성을 중요시하는 것이 된다. 성령(그리스어 프네우마, 헤브라이어 루아하)은 '숨'이나 '바람'을 의미하는 말이었다. 개별성보다도 집단에 깃드는 원리와 유대로서 기능했지만, 유동하는 원리였다는 점은 중요하다. 성령은 유대·사랑으로서 말해지지만, 전달의 원리로서 중심적인 위치를 지녔다. 나아가 중세에서 성령주의는 종말론적인 역사관, 현실의 교회 비판, 화폐 가치를 둘러싼 변경을 불러일으키는, 사회 변혁을 불러일으킬 수 있는 사상이 되었다.

성령은 초월과 내재의 양립을 보여주는 중요한 개념이다. 고대의 철학이 아리스토텔레스적이고 영혼과 실체가 중심이었지만, 중세에는 영이라는 집합적이고 유동적인 원리가 지배적으로 되었다. 그리고 이 점은 서양에 한정된 것이 아니다.

매체의 관점에서 중세를 보기

맥루한Herbert Marshall McLuhan(1911~1980)은 인쇄술과 근대를 싫어했다. 16세기, 요컨대 종교 개혁과 활판 인쇄술이 등장하는 시대는 분열과 붕괴와 쇠퇴의 시대이며, 가톨릭인 맥루한은 인쇄술이라는 근대의 미디어가 종교 개혁을 가능하게 했다는 것을 중대하게 보고 있었다.

중세란 구송 문화 내지 '소리 문화Orality'의 시대였다. 그리고 현대의 전기 미디어 시대는 문자 문화Literacy보다도 '소리 문화'의 시대이며, 중세의 재현이라고 생각했다.

맥루한에 따르면, 구텐베르크의 기술에 의해 '감각을 발가벗겨 촉각적인 공감각을 낳는 감각 사이의 상호작용을 저해하는' 현상이 두드러지게 되어간 시대였다. 다시 말하면 '중세적 인간이 박탈되어 알몸이 되어가는 과정'이었던 것이다.

소리 문화는 비언어 의사소통(아날로그 커뮤니케이션), 요컨대 구체적으로는 자세, 몸짓, 표정, 목소리의 억양, 말 자체의 순서, 리듬 등과 같은 여러 층에 걸친 커뮤니케이션 회선을 구사하는 것이었다.

구송성, 촉각성, 공감각성, 동시성, 다원성을 갖춘 다층적 커뮤니케이션 회로가 통용되고 있었다. 중세란 맥루한에 따르면 촉지성觸知性, 청각 공간, 우뇌 문화, 동시성이 지배하는 시대였다.

맥루한은 현대를 전자적으로 통합된 세계로 보았지만, 그것은

'모든 것이 동시에 존재하는 세계'라고 포착하고, 그 점에서 중세와 그 근저에서 통한다고 생각했다. 모든 감각이 상호적으로 통합되는 시대라는 것이다. 문자는 죽이고 영은 살린다는 것이 미디어론에서 문자 그대로 받아들여지면 반지성주의적인 착상의 정당화로 이어질 수도 있겠지만, 미디어로서의 성령이라는 것은 사상을 밀어붙여 움직이게 하는 원동력이었다는 것이 사실이다. 문자라는 간접적 미디어에 의해서가 아니라 성령이 무매개적인 커뮤니케이션을 가져올지도 모른다는 이상은 언어론의 사상에 커다란 영향을 미쳤다.

맥루한의 미디어론을 지금 여기서 꺼내 드는 것은 케케묵은 점이 있긴 하지만, 중세 미디어론의 구도가 옛것을 고수하는 데 머무는 것이 아니고 성령론이 옛 시대의 미신적 사고가 아니라는 것을 암시하는 효과는 지니는 것으로 보인다.

'세계철학'이란 무엇인가?

세계철학이란 철학을 전체성의 관점에서 하나의 개념 규정으로 정리하는 것과 같은 것이어서는 안 된다. 다양한 철학들을 받아들이고 동태와 유동에서 파악하는 것이야말로 세계철학이라는 이름에 부응한다. 그런 의미에서 중세, 특히 12세기란 '세계철학'이 생성하기 시작한 시기라고 할 수 있다.

이전에 '서구적'이라는 것이 그대로 보편을 의미한 시대가 있었다. 서구는 과학 기술의 힘이자 민주주의의 정의였다. 비–서구 세계에 있어 서구화란 힘과 정의를 획득하는 과정이며, 그것이 다름 아닌 근대화였다. 그러나 서구는 힘과 정의를 식민지화에 이용하고 20세기의 대혼란을 불러일으켰다. 스에키 후미히코末木文美士의 다음의 말은 중요하다.

서구＝보편이 상식화하는 과정은 동시에 서구＝보편이 의문시 되고 붕괴하는 과정이기도 했다. 비–서구 세계에 있어 서구 속으로 삼켜지지 않기 위해서는 무언가의 형태로 '비–서구' 또는 '반–서 구'를 주장해야만 했다. 그러기 위해서는 서구를 넘어서는 보편성 을 자기 쪽으로 끌어당기거나 그렇지 않으면 보편에 포섭할 수 없는 특수를 주장하거나 둘 가운데 한 방법을 선택하지 않을 수 없었다(스에키 후미히코末木文美士·나카지마 다카히로中島隆博 편, 『비–서구의 견지非·西歐の視座』, 大明堂, 2001년의 스에키의 서언).

세계철학이란 중심이 곳곳에 있어 원의 둘레가 어디에도 없는 무한대의 공과 같은 것이다. 각각의 철학이 무한성을 갖추고 보편 성에 흡수되지 않는 특이성을 갖추고 있다. 주변에서 세계성을 부르짖는 것은 새로운 보편성이 될 수 없는 것인가?

보편성이 특이성을 흡수하고 소거하는 것이라면, 보편성이 전 체성을 주장한다면, 그것은 폭력성으로 전환한다. 그때 과감히 상대주의를 취하는 것이 비폭력적인 보편성을 실현하는 길을

여는 것이 될 수도 있다. 철학이란 참이건 선이건 기본적 과제에
대해 가능성의 조건, 요컨대 구성 개념, 형식, 충족의 조건을 탐구하
는 영위이다. 그런 의미에서 철학은 그리스에서만 기원하는 것이
아니다. '철학'이라는 말은 그리스 기원이라 하더라도 그 사유는
세계 곳곳에 있다. 서양에만 철학을 인정하는 것은 철학에 대해
지나치게 편협하다. 따라서 '세계철학'이라는 개념이 지금 필요한
것이다. 아프리카, 남아메리카도 포함한 주변을 받아들이고 주변
에서 계속 말하는 것도 새로운 길이다. 서구적 일원론으로 환원될
수 없는 '세계철학'이 요구되는 것이다. 그리고 주변을 포괄하고
주변에서 발하는 사상이야말로 중세 철학이다.

☞ 좀 더 자세히 알기 위한 참고 문헌

— 고바야시 야스오小林康夫·나카지마 다카히로中島隆博, 『일본을 해방하다日本
を解き放つ』, 東京大学出版会, 2019년. '고토바'(말), '가라다'(몸), '고코로'(마
음)라는 관점에서 일본 사상을 종횡무진으로 말하는 쾌저. 구카이空海, 오규
소라이荻生徂徠, 모토오리 노리나가本居宣長, 나쓰메 소세키夏目漱石, 마루야마
마사오丸山眞男와 같은 일본 철학의 계보가 선명하게 그려지고 있다.

— 사카구치 후미坂口ふみ, 『'개체'의 탄생·個'の誕生』, 岩波書店, 1996년. 신과
인간, 보편과 개체, 남성과 여성 등, 세계는 다양한 범주(카테고리,
구분)로 이루어져 있다. 그러한 범주가 사람들의 마음에 정착하고 여러
모로 괴롭히는 모습에 눈물 흘리면서 그 역사적 생성의 장면을 그려내는
명저. 그리스도교의 기본 개념이 성립하는 복잡한 사상사적 착종을
생생하게 그려낸다.

— 나카하타 마사시中畑正志, 『혼의 변용—심적 기초 개념의 역사적 구성魂の
変容—心的基礎概念の歴史的構成』, 岩波書店, 2011년. 대상(오브젝트)이라는 철
학의 기본 개념이 다양한 굴곡을 거쳐 가는 개념적 내력을 지니며,
그것을 둘러싸고 고대·중세·근세로 커다란 변화를 이루어왔다는 것을
보여주는 명저이다. 중세 존재론의 변천을 더듬어 가는 데서 커다란
시사점을 얻을 수 있다.

— 니시히라 다다시西平直, 『라이프사이클의 철학ライフサイクルの哲学』, 東京大
学出版会, 2019년. 동양의 수행론, 서양의 아이덴티티론이 스즈키 다이세
쓰鈴木大拙와 에도 시대의 반케이盤珪 선사의 사상에서 한 폭의 그림으로
정리된다. 동양과 서양이라는 대비에서 생각하고 싶은 지성이 '할喝'이
라는 한마디로 다시 단련되는 감각에 젖어 들 수 있다.

제2장

동방 신학의 계보

하카마다 레袴田 玲

1. 비잔틴 제국에서 철학과 신학의 자리매김

들어가며

동방 신학이란 가톨릭과 프로테스탄트 여러 교파 등 서구를 중심으로 발전한 '서방'의 그리스도교에 대해 동방 정교나 동방 교회들 등 이전의 동로마·비잔틴 제국의 지역을 중심으로 발전한 '동방'의 그리스도교 신학·사상의 총체를 가리킨다. 그 초기에 활약한 동방 교부(그리스 교부)의 사유와 그 배경에 대해서는 이 시리즈 제2권 제9장에서 자세하게 논의했지만, 이 장에서는 역사학에서 동로마 제국보다는 비잔틴 제국으로 불리는 성격을 강화하는 시대(및 7세기 이후)를 그것이 다루는 범위로 한다.

그렇지만 동서 로마 제국의 분열 후 오스만 제국에 의해 멸망할 때까지 천 년 이상의 긴 세월에 걸쳐 존속했음에도 불구하고 우리나라에서는 비잔틴 제국에 대해 애초에 관심을 기울이는 일이 드문 까닭에, 하물며 그 땅에서 그리스도교 신학·사상을 포함해 어떠한 지적 영위가 펼쳐졌는지 등에 대해 한 번도 생각해본 적이 없는 독자도 많은 것이 아닐까? 그러나 철학과 신학의 역사 속에서 비잔틴 제국이 수행한 역할은 절대로 적지 않으며, 특히 이 제국의 국교이기도 했던 그리스도교, 즉 비잔틴 정교 — 동방 정교 중에서도 특히 비잔틴 제국 시대의 그것을 가리킨다 — 는 대단히 풍부한 사상·실천·미술을 발전시켰고, 현재도 슬라브 나라들이나 동유럽·발칸 나라들 등 세계 속에서 다수의 신도를 거느린 각지의 정교 — 예를 들어 러시아 정교, 루마니아 정교, 그리스 정교 등 — 의 모체가 되었다. 이하 이 장에서는 이 비잔틴 정교의 사상을 중심으로 동방 신학의 계보를 더듬어보고자 한다.

'그리스도교화한 그리스인의 로마 제국'

비잔틴 제국의 사람들은 복잡한 정체성 아래 살아갔던 듯하다. 왜냐하면 그들은 이전의 로마 제국의 정통한 후계자를 자임하고 그 제도나 법을 이어받아 자기 자신을 계속해서 '로마인'이라고 불렀지만, 그 대부분은 그리스계로 그리스어를 말하고 — 제국의 공용어도 7세기에는 라틴어에서 그리스어로 바뀌었다 —, 고대 그리스의 문학과 학문을 자각적으로든 무자각적으로든 계승하며, 게다가 그 종교로서는 그리스도교를 받들었기 때문이다. 요컨대 아주 대략적으로 말하자면, 나라로서의 기본적인 제도와 법으로서는 로마 제국, 문화로서는 고대 그리스, 그리고 그것들에 그리스도교가 넓고 깊게 침투하여 비잔틴 제국의 기반이 형성된 것이다.

　게다가 이들 세 가지 요소가 매듭지어지는 방식이나 그 가운데 어느 요소가 강하게 나오느냐는 것은 시대에 따라서도 사람에 따라서도 달라진다. 일반적으로 비잔틴 제국에서 '그리스인'(헬레네스)이라는 말은 '(그리스도교 이전의) 이교도'라는 부정적 의미로 사용되었지만, 10세기에 정점을 맞이하는 마케도니아 왕조 르네상스와 제국 말기의 팔라이오로고스 왕조 르네상스 시대에는 고대 그리스 문학이나 학문에 관한 관심이 높아지며, 그 계승자로서의 자각을 강하게 지니는 사람들이 나타났다. 특히 1204년에 제4차 십자군에 의해 라틴 제국이 세워지고, 일시적이긴 하지만 제국의 수도이자 '제2의 로마'인 콘스탄티노폴리스를 빼앗긴 비잔틴 제국 말기의 사람들 가운데는 '로마인'으로서의 정체성을 버리고 적극적으로 '그리스인'을 자칭하게 되는 사람도 많았다. 비잔틴 사상가의 텍스트를 접할 때는 이러한 그들의 복잡한 정체성을 고려할 필요가 있으며, 그것은 그들의 사상을 독해하는 재미와 어려움 둘 다에 연결된다 — 예를 들어 어떤 비잔틴 사상가의 텍스트에서 그리스 고전으로부터의 인용이 인정된다고 하더라도, 그것이 당시의 관용적 표현이나 일반교양으로서 특별히 깊은 의미 없이 사용되고 있을 가능성도 있으며, 사상가 본인의 고대 그리스에 대한 동경이나 그 후계자로서의 자임으로부터 오는 의도적인 선택일 가능성도 있고, 나아가 때에 따라서는 고전기의 용법에서 동떨어진 그리스도교적인 의미 부여가 이루어지고 있을 가능성도 있다고 하는 식으로 말이다.

비잔틴 제국에서의 고대 그리스 철학 전통

비잔틴 사람들의 정체성과 사상적 배경의 복잡함이라는 문제를 고대 그리스 철학과 그리스도교 신학의 관계성이라는 관점에서 좀 더 살펴보자.

일회적이고 직선적인 시간 개념 아래에서 신에 의한 만물의 무로부터의 창조와 신의 육화肉化를 이야기하는 그리스도교 교의는 영원성의 상相 아래에서 세계와 인간의 성립에 대해 사유한 플라톤과 아리스토텔레스 등 고대 그리스의 철학 전통과 종종 날카롭게 대립했다. 그리스도교를 나라의 종교로 삼은 비잔틴 제국에서는 529년에 유스티니아누스 황제에 의해 아카데메이아가 폐쇄되고 그리스도교 교의에 어긋나는 내용의 철학서가 불살라 버려지는 일도 있었다. 앞에서 이야기한 대로 '그리스인'이라는 말은 '(그리스도교 이전의) 이교도', '이교의 철학'이라는 부정적인 의미마저 지녔다. 언뜻 보면 비잔틴 사람들은 자기 조상의 철학을 버리고 간 것처럼 보인다.

그러나 사실은 그렇게 단순한 것이 결코 아니었다. 비잔틴 제국 내에서는 그리스도교 세계관이 침투한 후에도 교육의 장에서 고대 그리스의 문학과 학문이 일반교양으로서 가르쳐졌으며, 제국 대학에서는 수사학, 기하학, 천문학과 더불어 철학 강좌가 열리고 있었다. 그리스 철학은 '세속의 학문' 가운데 하나로서 계속 살아가고 있었다. 이 점은 신플라톤주의자 포르퓌리오스가 저술한 『그리스도교도 논박』이 격렬한 논쟁을 불러일으켜 교회 당국에 의해 분서焚書 선고를 받는 한편, 그의 『에이사고게』가 세속 교육의 장에서는 아리스토텔레스 철학의 입문서로서 널리 사용되고 있었다는 사실에서도 엿보인다.

또한 앞에서 언급한 대로 마케도니아 왕조 르네상스와 팔라이오로고스 왕조 르네상스 시대에는 고대 그리스 문화의 부흥에 열정을 기울이는 사람들이 많이 나타났다. 포티오스(820~897)는 제국 대학의 철학 교수를 맡은 후 콘스탄티노폴리스 총대주교가 되었고, 성령이 어디서 나오는가를 둘러싼 '필리오쿠에'(가톨릭 측이 니카이아 콘스탄티노폴리스 신조에 후대가 되어 덧붙인 글귀 '아들로부터도'를 의미하는 라틴어) 문제를 둘러싼 동서 그리스도교회의 대립 중심에 서 있는 인물이기도 하지만, 그가 남긴 고대 그리스의 저작 목록 『문고(고전 문헌 총람)』에는 이암블리코스와 프로클로스의 이름도 남아 있다(이 책에 대해서는 칼럼 4[182~183쪽]도 참조). 또한 그의 제자였던 카이사레아 대주교인 아레타스(860년경~932년 이후 사망)는 현재 플라톤 원전의 주류 가운데 하나가

된 사본Codex Clarkianus의 작성을 명령한 것으로 유명하다. 11세기 비잔틴 제국을 대표하는 지식인 프셀로스(1018~1081년경)는 교회로부터 이단의 혐의를 받으면서도 플라톤 연구에 힘썼으며, 그의 방대한 저작 가운데는 『티마이오스』 및 『칼데아 신탁』에 대한 주해도 포함된다. 나아가 프셀로스를 이어서 제국 대학의 철학 주임 교수가 된 이탈로스(1025년경~1082년 이후 사망)는 플라톤, 아리스토텔레스, 포르퓌리오스, 이암블리코스, 프로클로스를 해석하고 있다. 다만 그 후 왕조가 바뀌어 종교 정책의 관용성이 상실되자 고대 그리스로 기울어지는 것이 위험하게 여겨진 이탈로스는 파문당했다.

비잔틴 제국 말기에는 플라톤과 플라톤주의자에 많이 의거하면서 독자적인 사상을 구축한 플레톤(1360년경~1452)이 있다. 그는 '우리는 인종과 문화에서 그리스인이다'라고 말하기를 꺼리지 않았으며, 동서 그리스도교회의 합동이 이야기된 페라라-피렌체 공의회(1438~39년) 때에는 그곳의 인문주의자들에게 환영받았고, 그들과의 대화로부터 『아리스토텔레스와 플라톤의 차이에 대하여』를 저술하여 아리스토텔레스에게로 기울어지는 경향이 있었던 서유럽에 자극을 주었다. 그의 플라톤 강의는 코지모 데 메디치(1389~1464)에게 플라톤 아카데미 창설 구상을 품게 했다고 한다 — 덧붙이자면, 코지모 데 메디치는 콘스탄티노폴리스에서 가져온 사본을 제본·복제하여 피치노(1433~1499)에게 제공함으로써 그 후의 서구 사상사에 막대한 영향을 미치게 되는 플라톤 전집과 플로티노스 『엔네아데스』의 라틴어역 완성에 이바지했다. 플레톤도 『칼데아 신탁』에 대한 주해를 남겼으며, 그의 최후의 저작 『법률』은 신플라톤주의 세계관과 올림피아 신들에 대한 신앙을 통합한 특이한 작품이지만, 그의 죽음 이후 교회 당국에 의해 불살라졌다. 플레톤 밑에서 철학을 공부한 베사리온(1403~1472)이 비잔틴 제국이 멸망할 때 사본을 수집하여 고대 그리스 문화의 보존 및 서유럽으로의 도입에 공헌한 것도 잘 알려져 있다.

동방 신학과 그리스 철학

다른 한편 동방의 신학자, 특히 수도사들 가운데는 이와 같은 고대 그리스 문화 부흥의 기운에 반발하는 자도 많았다. 그들은 종종 도시의 지식인 계급에서 두드러지게 나타난 이러한 인문주의적 경향이 그리스도교 신앙의 경시와 침범으로 이어지는 것을 경계했다. 동방의 신학자와 수도사들에게 유일한 진리란 예수 그리스도의 것이고, 고대 그리스 철학은 세속의 학문으로서 일정한 유용성을 인정받으면서도 그것이 '우리의 학문'인 바의 신학 영역에 공공연히 들어서는 것은 금기로 여겨졌다. 가톨릭 신학처럼 교의 체계를 구축하거나 철학을 신학에 적극적으로 받아들이거나 하는 자세는 다마스쿠스의 요안네스(660년경~750년경)와 같은 몇 안 되는 예들을 제외하고는 비잔틴 정교에서는 거의 볼 수 없다.

그러나 그와 같은 동방의 신학자와 수도사들 역시 고대 그리스 철학과 무관할 수 없었다. 그들이 의거한 동방 교부(그리스 교부)들은 초기 그리스도교 시대에 그리스 철학의 용어와 개념을 구사하면서 그 교의를 구축한 것인바, 당연히 그 세계관과 인간관을 이어받는 비잔틴의 신학자와 수도사들의 사상 속에서도 그리스 철학은 숨 쉬고 있었다. 모든 것을 초월한 시원적 존재·범형을 정립하고 그것을 향해 가능한 한 접근하며 그와 닮은 자가 되는 것을 인간 존재의 궁극적 목적으로 하는 것, 인간의 혼을 세 개의 부분으로 나누어 각각에 대응한 덕을 정하고 그것을 몸에 익히는 것을 윤리의 기초에 두는 것 등, 그 어느 것이든 동방 교부들이 그리스 철학을 발판으로 삼아 피와 살로 만들어간 사고방식이자 비잔틴 정교 속으로도 끊임없이 힘차게 흘러들고 있다.

또한 형이상학적 사변을 좋은 것으로 인정하지 않고 구체적인 신앙 실천에 의해 신의 진리를 '체험'하는 것을 중요하게 여긴 수도사들에게서조차 플라톤과 플라톤주의자의 유산은 계승되고 있었다. 플라톤주의에로의 경도로 인해 사후에 이단으로 선고된 오리게네스(184/5~253/4)의 사상은 에바그리오스 폰티코스(345/6~399)의 『수행론』과 『기도에 대하여』를 매개로 하여 ― 그도 뒤에 오리게네스주의자로서 이단으로 선고되기 때문에, 그의 저작은 종종 네일로스라는 이름이 붙어 유포되었다 ― 비잔틴 수도 사상에 커다란 영향을 주었으며, 역시 오리게네스와 신플라톤주의자 프로클로스로부터의 영향이 크다고 말해지는 디오뉘시오스 아레오파기테스(6세기경)는 비잔틴 정교의 신비 사상과 의례론을 이야기하는 데서 빠질 수 없는 존재가 되었다. 오히려 사본의 작성·보존과 주해에 시종일관하여 독창적인 발전을 이루지 못했다고 평가되는 비잔틴 인문주의자들보다 동방 교부들의 사유를 거쳐 플라톤과 아리스토텔레스 또는 플라톤주의자들의 사상을 자기 자신의 신학과 수행론·의례론 속에서 피와 살로 만들어간 신학자와 수도사들 쪽이 고대 그리스 철학의 정통한 담지자였다고까지 말할 수 있을지도 모른다.

어쨌든 이처럼 고대 그리스 철학은 오랜 비잔틴 제국 시대를 지하수맥처럼 — 때로는 분출하여 지상에 샘을 만들면서 — 윤택하게 하며, 비잔틴 사상가들은 직접적으로든 간접적으로든 이 풍부한 수맥에 의해 길러지고 있었다. 다만 이 수맥으로부터 물을 길어내는 방법과 그 태도가 인문주의자들과 신학자·수도사들에게서는 아마도 달랐을 것이다. 이 점이 다음에 보는 헤쉬카슴 논쟁의 배경에도 존재한다.

2. 그레고리오스 팔라마스에서 몸에 대한 눈길

헤쉬카슴 논쟁과 그레고리오스 팔라마스

비잔틴 제국의 황혼기의 빛남, 팔라이오로고스 왕조 르네상스의 한가운데서 동방 수도제의 중심지 지위를 확립하고 있던 아토스산의 수도사들을 둘러싸고서 발발한 논쟁이 제국을 양분하는 사태가 되었다. 이것이 헤쉬카슴 논쟁이다. 당시 아토스산의 수도사들 사이에서는 자신이 수도하는 집에서 고독과 정적 속에서 '예수의 기도'라고 불리는 짧은 기도를 반복해서 외는 수행이 널리 행해졌고, 그것은 때때로 좌법이나 호흡법과 같은 신체 기술도 수반하여 실천되고 있었다 — 이러한 수도사를 가리켜 그리스어로 '정적'을 의미하는 '헤쉬키아'로부터 '헤쉬카스트'라고 부르며, 그들의 수도 실천과 사상을 헤쉬카슴이라고 부른다. 그들은 이러한 기도를 통한 심신의 정화 끝에서 신화神化(테오시스)의 은혜를 입고 신과 하나가 되며, 또한 그때에는 빛으로서 신을 '보는' 체험을 얻는다고 주장했다.

이탈리아 출신의 정교도로 당시 제국 수도의 인문주의자들의 뜨거운 지지를 얻었던 철학자 바를라암 칼라브로Barlaam Calabro (1290~1348)는 아토스의 헤쉬카스트들의 이러한 실천과 주장을 듣자 날카로운 비판을 퍼부으며 그들의 단죄를 총대주교에게 압박했다. 이와 같은 바를라암의 움직임에 대해 헤쉬카스트들을 옹호하기 위해 일어선 것이 아토스산의 수도사이자 신학자(나중의 테살로니케 대주교, 사후에는 성인이 되기도 했다) 그레고리오스 팔라마스(1296년경~1357/9)이다.

헤쉬카슴 논쟁은 1351년에 팔라마스 측의 최종적인 승리로 종결되기까지 실로 15년 가까이 이어지며, 그 사이에는 궁정의 권력 다툼과 그것에서 발단한 제국의 내전과도 결부되었기 때문에 팔라마스의 승리를 순수하게 신학적·철학적 요인으로 돌릴 수는 없지만, 그럼에도 불구하고 그가 이 논쟁을 통해 내외에 보여준 세계관과 그것을 비잔틴 정교회가 정통한 것으로서 공적으로 선언한 것은 당시뿐만 아니라 후대의 동방 신학에 대해서도 결정적인 의미를 지닌 것으로 보인다.

왜냐하면 헤쉬카스트들의 실천과 그들의 주장에 신학적 근거를 부여하고 그것들을 정교 전통 내부에 자리매김할 필요에 내몰리는 가운데 팔라마스는 그때까지의 동방 신학의 틀을 그 나름의 방식으로 통합한 하나의 '동방적 세계관'을 제시했고, 그것이 비잔틴 정교회라는 모체를 잃어버린 그 후의 동방 신학에 있어 언제나 참조해야 할 하나의 모델이 되었기 때문이다. 또한 신학의 영역에 철학적 논의를 가져오는 것에 주저하지 않았고, 그런 의미에서 서방의 사고법으로 동방 신학을 해석해 보이고자 한 바를라암의 시도를 부정함으로써 동방 신학은 신과 세계에 대한 접근에서 서방과는 다른 방도를 채택한다는 것이 여기서 다시 명확하게 제시되었기 때문이다— 그 방도란 신비를 인간의 언어로 설명하려고 애쓰거나 그것을 세계로부터 분리하여 높은 곳으로 내모는 것이 아니라 신비가 신비로서 세계에 내재하고 그것을 인간이 체험할 가능성을 인정하는 것이다.

그렇다면 팔라마스가 헤쉬카슴 논쟁에서 제시해 보인 동방적 세계관이란 어떠한 것이었을까? 이하에서는 팔라마스의 사상과 거기서 열매 맺은 동방적 세계관을 신체성이라는 키워드 아래서 파악해보고자 한다.

육화와 신화

  신이 몸을 취하여 인간으로서 이 지상에 나타났다는 그리스도교의 '신의 육화肉化'라는 사고방식은 창조주와 피조물 사이의 존재양식에서 절대적인 거리를 전제하는 헤브라이 전통에 대해서뿐만 아니라 신을 순수한 이데아나 형상으로서 정립하는 고대 그리스 철학에 대해서도 커다란 충격이었다. 더군다나 인간이 된 신, 예수 그리스도는 고난을 받고 십자가 위에서 죽었고 사흘 만에 부활하여 제자들과 지낸 뒤에 하늘로 올라갔다고 한다. 그러한 수난, 죽음, 부활, 승천의 어느 것에도 몸이 따라간다.

  예수의 몸은 그가 받아들인 인간성 그 자체를 상징한다. 이미 「창세기」에 인간이 '신의 형상과 닮은 모습에 따라서' 창조되었다는 기술이 있고 고대 그리스 철학에도 '신과 닮은 것이 된다'라는 모티브는 나타나 있지만, 예수 그리스도의 존재, 즉 '신의 육화'라는 결정적 사건 없이는 동방의 신화神化 사상은 성립할 수 없다. '신은 인간이 되었다, 인간이 신으로 되기 위해'라고 말한 아타나시오스(296~373)나 '신의 육화와 인간의 신화는 신과 인간이 함께 일한 열매'라고 말한 고백자 막시모스(580년경~662)의 말이 단적으로 표현하는 그대로다.

  좀 더 구체적으로 육화한 신인 예수에 대한 성서에서의 기술을 살펴보자. 그러면 서방의 신학자들이 사유의 중심에 놓은 겟세마네 동산에서의 기도 장면과 동방의 신학자들이 사유의 중심에 놓은 타보르산에서의 변용 장면에서는 그 몸에 관한 기술도 대조적이라는 것을 알게 된다. 전자에서는 피가 떨어지도록 땀을 흘리며 고통받는 예수가 — 나아가 이어지는 수난 장면에서는 다양한 신체적 고통을 받고 피를 흘리며 상처를 입고 절명하는 모습이 — 묘사되는 데 반해, 후자에서는 그 몸이 눈부시게 빛나는 '영광의 예수'가 묘사된다. 또한 이 두 장면에서는 예수의 몸뿐만 아니라 사도들의 신체성에 대해서도 언급되고 있다. 겟세마네 동산의 장면에서 사도들은 '졸음'이라는 신체적 유혹에 사로잡혀 대항할 수 없는 '약한 몸'의 체현자인 데 반해, 타보르산의 장면에서는 사도들도 '빛나는 구름으로 뒤덮였다'라고 되어 있으며, 예수뿐만 아니라 사도들도 그 빛을 받아 빛났다고 동방에서는 해석되었다. 서방의 신학자들이 겟세마네의 예수에게 마음을 기울여 인간의 죄와 약함을 무겁게 받아들였다고 한다면, 동방의 신학자들은 타보르산 위의 예수에게서 인간의 변용과 신화의 모습을 보았다.

헤쉬카슴 논쟁에서 팔라마스가 힘차게 옹호한 인간의 신화와 신을 볼 가능성도 이러한 동방 신학의 전통에 의지하는 것이었다. 팔라마스는 신 안에서 '본질'(우시아)과 '활동'(에네르게이아)을 구별하여 논의를 불러일으켰지만, 그것은 신이 본질로서는 인간이 알 수 없고 접촉할 수 없는 존재라는 것을 인정하면서도, 다른 한편으로 신은 그 속 깊은 곳에 머물지 않고서 인간에 대해 뛰어나

게 활동하는 존재라는 그의 확신을 보여주기 위해서이며, 인간의
신화神化는 이러한 활동 작용을 받은 인간의 변용으로 이해되었다.
헤쉬카스트들이 본다고 주장한 신의 빛은 이전에 타보르산의 예수
와 제자들을 비춘 변용의 빛과 동일시되었고, 그것은 또한 장래의
재림 때에 그리스도가 입는다고 생각되는 영광의 빛의 전조라고도
생각되었다. 신이 이전에 인간에 대해 작용했고 장래에도 작용하리
라는 것을 믿는다면, 지금 이 시점에서도 신은 인간에 대해 작용할
것이라고 믿는 것은 필연적이라고 팔라마스는 설명한다.

몸도 신화에 참여하기

더 나아가 팔라마스에게 중요한 것은 이러한 신화의 은혜에
인간의 몸과 감각도 참여한다는 점이었다. 몸은 그것 자체로서
나쁜 것이 아니며, 몸 안에 혼과 지성(누스)이 존재한다는 점에
조금도 비탄해야 할 것은 없다― 오히려 몸은 인간 안에 '신의
형상'인 바의 '삼일성三一性'이 성립하는 데 필요 불가결한 요소이
며, 몸을 지니지 않는 까닭에 그러한 삼일성을 지니지 않는 천사보
다 몸을 지니는 인간 쪽이 좀 더 신에게 가까운 존재로 생각된다.
성서에서 바울이 몸을 '죽음'이라고 부를 때도 그것은 몸을 악으로
밀어붙이는 '충동'이나 '상념'을 가리켜 그렇게 말하고 있는 것이
지 몸 그 자체를 악한 것으로 말하고 있는 것은 아니라고 팔라마스
는 주장한다. 그렇기는커녕 몸은 '성령의 신전', '신의 주거'로서

창조되었으며, 요안네스 클리마코스(579-649)가 정의했듯이 헤쉬카스트란 '신체적인 주거 안에 비신체적인 것을 가두고자 애쓰는 자'인 것이다.

헤쉬카스트들의 수행은 자신의 몸에 신을 받아들이려고 하는 끝없는 노력이지 몸으로부터 혼의 이탈이 지향되는 것은 결코 아니다. 나날의 수행에서 식욕·성욕·수면욕과 같은 자신의 신체적 욕구와 바로 마주할 수밖에 없는 수도사이기 때문에 그러한 측면을 분리해서는 인간 존재라는 것을 생각할 수 없었을 것이며, 인간의 신화라는 사태에서의 몸의 존재 방식에 무관심할 수 없었을 것이다. 문제가 된 것은 몸도 포함하는 인간 존재 전체의 정화와 변용이다. 헤쉬카스트들이 신을 빛으로서 '본다'라고 할 때도 그것은 통상적인 시각 기관의 활동에 의해 보는 것이 아니라 혼과 함께 변용한 몸과 감각을 통해 신을 어떻게든 '체험하는' 일이다.

팔라마스가 전개한 이와 같은 몸의 신화 사상은 그리스도교 의례의 핵심을 이루는 에우카리스티아(최후의 만찬에서 유래하고 그리스도의 몸과 피로 변했다고 믿어지는 빵과 포도주를 신도가 먹는 의례)에 대한 논의에서 정점에 도달한다. 팔라마스는 육화와 에우카리스티아를 대비하고 둘 다 모두 신과 인간의 합일이라고 말한다. 다만 육화에서 신(신성)은 인간성 전체(인간성 그 자체, 인성)와 결부된 것인데 반해, 에우카리스티아에서 신(그리스도)은 개개의 인간(빵과 포도주를 받아 모시는 신도 한 사람 한 사람)과 결부된다. 그것은 신과 인간의 가장 친밀한 합일의 모습으로 여겨지며, '그리스도를 보고 싶다, 아니 그뿐만 아니라 그리스도를 만지고 싶고 그리스도를 향유하고 싶으며 그리스도를 자기의 마음속에 품고 싶고 그리스도를 자신 안으로, 바로 자기의 정신 안으로 받아들이고 싶다는 우리 각 사람의 갈망을 충족하고 ……' 라는 팔라마스의 표현에는 대단히 신비적인 울림이 따라온다. 여기에는 '본다'(시각)로부터 서서히 '만진다'(촉각)로 거리를 좁히고, 마침내는 자기의 마음과 정신 안으로 '받아들여' 하나가 되고자 하는 인간의 그리스도에 대한 사랑의 갈망이 그려져 있다.

그에 대해 그리스도는 '오라, 내 몸을 먹어라, 내 피를 마시라'라고 대답하고, 인간의 사랑에 대한 갈망을 받아들여 채울 뿐만 아니라 '더욱 커다란 갈망'인 신화神化로 사람들을 촉구한다고 한다. 에우카리스티아는 바로 몸을 마당으로 한 그리스도와 인간의 피와 살에 의한 합일이며, 거기서 각 사람은 '신의 형상'으로서 존재할 뿐만 아니라 스스로 '신들'(그 본질적 차이를 보여주기 위해 대문자의 단수형으로 표현되는 아버지인 신에 대해 소문자의 복수형으로 표기된다)이 되도록 초대받는다고 팔라마스는 힘차게 호소한다.

이처럼 팔라마스의 사상은 살을 지닌 존재인 인간이 살이 있는 그대로 신화한다는 것을 이야기하는 것인바, 그것은 혼의 몸으로부터의 이탈을 설교하는 플라톤과 플라톤주의적 인간관의 매력에 대항하여 신의 육화와 성화상(이콘) 교의를 둘러싸고서 동방 신학이 반복적으로 확인해온 몸·물체 안에서 초월을 보는 눈길을 이어받고 있다.

3. 비잔틴 정교의 그 후와 『필로칼리아』

비잔틴 제국의 멸망과 그 최후를 장식하는 팔라마스의 사상으로 동방 신학은 하나의 커다란 구획을 맞이한다. 오스만 제국 아래에서도 콘스탄티노폴리스 총주교청은 살아나갈 수 있었지만, 이미 제국 내의 정교도를 어떻게든 정리할 만큼의 힘밖에 지니지 못하며, 이후 슬라브와 동유럽의 정교는 각지에서 각자의 특색을 강화하면서 독자적인 발전을 이루어 나간다.

그러한 가운데 1782년 오스만 제국 아래의 정교도 공동체에서 한 권의 특이한 책이 편찬·출판되었다. 팔라마스를 포함하여 비잔틴 정교와 그 이전의 사부 30여 명의 작품이 모인 기도와 수도 생활의 지도서, 『필로칼리아』이다. 이 책에는 헤쉬카슴의 정신이 체현되어 있다고 말해지며, 출판 후 곧바로 다른 정교회권 언어들로 번역되어 많은 일반 독자를 얻었고, 20세기 후반에 이르자 서구 언어들로도 번역되어 커다란 반향을 불러일으켰다. 동방 신학의 계보를 더듬는 이 장의 마무리로 이 특이한 책에 대해 다루고 그 편찬·출판이 지닌 의의에 대해 생각해보고자 한다.

『필로칼리아』 편찬과 그 영향

세속으로부터 단절된 아토스산의 헤쉬카스트를 중심으로 하는 수도사들에 의해 영적 사부의 지도 아래서 실천되고 있던 수행을 위한 인도가 왜 『필로칼리아』라는 한 권의 책으로 정리되고 출판된 것일까? 그 목적은 어떠한 것이었을까?

이 책 편찬의 배경에는 당시 오스만 제국 아래의 정교회 고위 성직자의 부패와 서구화 경향 그리고 헤쉬카슴 논쟁 때의 배경에도 있었던 인문주의적 기운의 고조가 놓여 있었다. 그러한 가운데 아토스산의 수도사였던 코린트부府 주교 마카리오스(1731~1805)와 니코데모스 하기오리테(1749~1809)는 전통적인 정교 신앙에 기초한 영성 부흥의 필요성을 느끼고 이 책의 편찬·출판에 발 벗고 나섰다.

『필로칼리아』에 수록된 작품들의 다수는 수도사에 의해 수도사를 위해 저술된 것으로, 일반 독자에게는 언뜻 보아 그다지 관계가 없는 것으로 보이는 엄격한 계율과 수행에 관한 내용도 포함되며, 전체가 1,200쪽 이상에 걸치는 가운데 비슷한 기술이 반복되기도 하여 독자를 당혹스럽게 만든다. 그러나 이 책은 특수한 세계에서의 교도적인 작품의 단순한 수집이 아니라 니코데모스 등의 명확한 사상 아래 편찬된 강한 메시지 성격을 띤 책인바, 처음부터 수도사뿐만 아니라 일반 신도들도 영적으로 일깨워 신화神化로 이끄는 안내서의 역할을 기대하고 있었다. 이 점은 니코데모스의 「서문」이나 이 책 끝부분의 「그레고리오스 팔라마스의 생애로부터」를 읽어보면 분명하다. 그 「서문」은 다음과 같이 시작한다.

신, 지복至福의 본성, 모든 완전성을 넘어서는 완전성, 모든 선과 아름다움의 창조주이면서 선과 아름다움을 넘어서는 원리, 그 신은 영원한 옛날부터 그 신적 원리에서 인간의 신화神化를 결정하고 계시며, 처음부터 이 목적을 자신 안에서 생각하고 계셨지만, 좋은 기회가 도래했다고 생각되었을 때 인간을 창조했다. (『필로칼리아』 I권, 新世社, 2007년, 39쪽)

이처럼 신이 인간의 신화를 그 창조 이전부터 의도하고 있었다는 것, 그리고 인간 존재에게는 신화하는 것이 궁극의 목적이라는 것이 『필로칼리아』에서는 일관되게 강조된다. 그리고 이를 위해 모든 그리스도인이 사도 바울의 '끊임없이 기도하십시오'(「데살로니카인들에게 보낸 첫째 편지」 5:17)라는 명령을 실천하도록 니코데모스는 강하게 촉구한다. 『필로칼리아』 말미를 장식하기 위하여 편입된 「그레고리오스 팔라마스의 생애로부터」는 '그리스도교도는 모두 끊임없이 기도해야 한다'라는 부제가 붙어 있으며, 다음과 같은 질타와 격려로 시작하고 있다.

나의 형제인 그리스도교도여. 끊임없이 언제나 기도해야만 하는 것은 사제와 수도사뿐이며 세속에서 살아가는 자는 그렇지 않다는

따위로 생각하지 말기를. 아니, 전혀 다르다. 대체로 모든 그리스도
교도는 언제나 기도의 상태에 있어야만 한다. (『필로칼리아』 IX권,
新世社, 2013년, 193쪽. 다만 번역어는 일부 변경했다.)

구원으로서의 신화

앞 절에서 본 팔라마스 그 사람의 사상, 특히 그의 에우카리스티
아론에 의해 미리 제시되었듯이 한 사람 한 사람의 인간이 그
몸 안에서 지향하는 신화라는 목적은 이미 수도사나 일부 사람들에
게만 허용되는 특수한 체험이 아니라 그리스도를 믿는 모든 사람에
게 열린 신비이며, 그것은 거의 구원(구제)과 같은 뜻이 된다.
이 점을 편자 니코데모스는 '신적 지혜의 계시에 따르면 구원받는
것과 신화하는 것은 동일하다'라고 분명히 말하고 있다.

게다가 구원이란 교회나 성직자가 가져다주는 것이 아니라 개개
인이 그 책임을 짊어지는 것이라는 의식을 지니고서 끊임없이
기도하는 것이다. 좀 더 말하자면 일반 신도는 정신 수양 등을
하지 않으며, 그것은 수도사에게 맡겨두고 자신은 교회에서 사제의
설교를 듣고 있다면 그것으로 좋다는, 어떤 의미에서 중세적인
신도 상으로부터 자기의 구원을 수도사나 교회에 맡기지 않는 자발적
인 근대적 신도 상으로의 전환을 편자 니코데모스 등은 호소하는
것이다. 그것이야말로 근현대 그리스도교 세계에서 이 책이 동방과
서방의 구별 없이 널리 지지를 받은 이유였다고 생각된다.

1782년의 초판 출판 당시부터 러시아를 비롯하여 정교회권에서 광범위한 독자를 획득했던 것, 나아가 20세기에 들어서고 나서는 서구 세계에서도 열렬히 환영받은 것은 『필로칼리아』의 이와 같은 성격에서 나온 당연한 결과였을지도 모른다. 그런 의미에서 『필로칼리아』의 편찬과 출판은 동방 신학의 역사에 대해 중요한 사건이었을 뿐만 아니라 그리스도교 세계에서의 근대를 생각하는 데서 많은 시사점을 주는 것이라고 할 수 있을 것이다.

나가며

이 장은 동서 로마 제국의 분열로부터 헤아리면 천 년 이상의 역사를 지니는 비잔틴 정교를 중심으로 그 배후에서 더욱 광대하게 전개되는 동방 신학의 계보를 조망한다는 너무나도 무모한 시도였다. 결국 동방 신학이라는 말로 묶을 수 있는 사상은 현대의 우리에게 무엇을 말할 수 있을 것인가?

한 가지만 그 특징을 들자면, 역시 그것은 육화의 철학이자 몸(물체라고도, 이 물질적 세계라고도 바꿔 말할 수 있다)을 응시하고 사상하지 않으며, 그 한가운데서 신비를 발견하는 눈길이라고 말할 수 있는 것이 아닐까? 신의 육화라는 역리인 동시에 신비라고 말할 수밖에 없는 사건을 정면으로 받아들여 그것을 가능한 한 언어로 표현하려고 하는 한편, 그것을 '체험하는' 것을 어디까지나 중심에 두는 자세야말로 동방 신학이 그 오랜 역사에서 계속해서 유지하고 있는 것인 점으로 보인다.

☞ 좀 더 자세히 알기 위한 참고 문헌

— 히사마쓰 에이지久松英二, 『그리스 정교. 동방의 지혜ギリシア正教. 東方の智』,
  講談社選書メチエ, 2012년. 제목에 있는 '그리스 정교'란 이 장에서 말하는
  '동방 정교'를 가리킨다. 곳곳에서 가톨릭과의 비교도 수행하면서 동방
  의 역사와 사상적 특징을 초학자도 알기 쉽게 설명한다.

— 조치대학중세사상연구소上智大学中世思想研究所 편역·감수, 『중세사상 원
  전 집성 3. 후기 그리스 교부·비잔틴 사상中世思想原典集成 3. 後期ギリシア教父·ビ
  ザンティン思想』, 平凡社, 1994년. 에바그리오스, 위-마카리오스, 위-디오뉘
  시오스, 요안네스 클리마코스, 고백자 막시모스, 다마스코의 요안네스,
  신신학자 시메온, 팔라마스 등, 비잔틴 시기의 대표적인 동방 신학자의
  저작으로부터의 발췌·번역이 수록되어 있다. 오모리 마사키大森正樹에
  의한 총 서문과 각 번역 앞에 붙은 해설도 대단히 유익하다.

— 오모리 마사키大森正樹, 『에네르게이아와 빛의 신학─그레고리오스 팔
  라마스 연구エネルゲイアと光の神学─グレゴリオス·パラマス研究』, 創文社, 2000년.
  일본 최초의 본격적인 팔라마스 연구서. 전문적 논의가 전개되는 한편,
  동방의 신학과 인간관에 대한 간결한 동시에 적확한 개관도 이루어진다.
  팔라마스에 관심을 가진 사람은 이 저자의 번역에 의한 팔라마스의
  주저 『동방 교회의 정수. 인간의 신화론고. 거룩한 헤쉬카스트들을
  위한 변호東方教会の精髓. 人間の神化論攷. 聖なるヘシュカストたちのための弁護』(知泉学
  術叢書2, 2018년)도 손에 잡을 수 있을 것이다.

— 쓰치하시 시게키土橋茂樹 편저, 『『필로칼리아』 논고집. 선하고 아름다운
  신에 대한 사랑의 모습들『フィロカリア』論考集. 善美なる神への愛の諸相』, 教友社,
  2016년. 이 장의 마지막에서 다룬 『필로칼리아』에 대해 그 편찬 배경과

각각의 주제를 다룬 논문을 묶은 논집. 『필로칼리아』의 전체 번역 자체는 신세샤新世社에서 전 9권으로 간행되어 있다.

— 스에키 후미히코末木文美士·나카지마 다카히로中島隆博 편, 『비-서구의 견지非·西歐の視座』, 大明堂, 2001년. 이 『세계철학사』 시리즈의 개념 구상과 도 그 근저에서 통하는 '서구 아닌 것'의 사상적 가능성에 빛을 비춘 양서. 특히 그 가운데 한 장인 다니 도시미谷壽美, 「비분리의 정신 — 근대 러시아의 종교적 예감」은 팔라마스의 사상과도 관련지으면서 러시아의 철학자 블라디미르 솔로비요프의 철학을 논의하고 있으며, 배우는 바가 대단히 많다.

제3장

교부 철학과 수도원

야마자키 히로코山崎裕子

1. 교부들과 수도 생활

중세 초기

해스킨스Charles Homer Haskins(1870~1937)가 12세기 르네상스를 제창하고부터 중세 전성기로서의 13세기뿐만 아니라 12세기에도 관심이 향하게 되었다. 그에 반해 11세기 이전은 그다지 고려되지 않고 잘 알려지지 않은 것이 실정일 것이다. 그러나 알쿠이누스(730년경~804)가 카롤링거 왕조 소문자를 도입한 것은 이 시대이다. 그 후 문자는 두 개의 선 사이에 쓰이는 대문자만의 세계로부터 네 개의 선 사이에 쓰이는 소문자와 대문자의 세계로 변하여 현대에 이르고 있다.

유럽 중세에는 신앙과 이성이 주된 문제 가운데 하나가 되었고, 안셀무스, 아벨라르두스와 베르나르두스, 토마스 아퀴나스(1225 년경-1274)의 사고방식이 각 시대를 대표하는 파악 방식의 변천을 보여준다.

이 장에서는 캔터베리의 안셀무스, 12세기의 샤르트르학파, 생-빅토르학파에 초점을 맞추어 살펴나가고자 한다.

교부

교부란 '교회의 아버지'를 줄인 것으로 본래는 다음의 네 가지 조건, 즉 교리상의 정통 신앙을 유지하는 것, 거룩한 생애, 교회의 승인 그리고 고대 교회에 속하는 것을 충족하는 자를 가리킨다. 정통 신앙이란 사도에게서 전해진 교리를 유지하고 있다는 것을 의미하며, 거룩한 생애란 반드시 성인이라는 것에 한정하지 않고서 과연 신앙 이해와 삶이 일치하는지가 기준이 되고, 교회의 승인이 란 교회의 공문서와 선언에 인용되고 있다는 것, 고대 교회란 7세기에서 8세기경까지를 의미한다(오다카 다케시小高毅, 『고대 그리스도교 사상가의 세계 — 교부학 서설古代キリスト教思想家の世界 一教父学序説』, 創文社, 1984년). 이들 가운데 어느 하나라도 해당하지 않는 사람은 교부라고는 불리지 않으며 교회 저작가라고 말해진다. 그들은 저술한 언어가 라틴어인 경우에는 라틴 교부, 그리스어인 경우에는 그리스 교부라고 불렀다.

유럽(11세기말)

　　그러나 우리가 교부들이 쓴 내용을 알 수 있는 『교부학 대계
Patrologiae cursus completus: Patrologia Graeca et Patrologiae Latina』(J−P. 미뉴^{Jacques}
Paul Migne 편, 파리)의 「라틴 교부집」(217권, 1844~1855년, 색인 4권,
1864년)은 테르툴리아누스(155년경~220년 이후)로부터 인노켄티
우스 3세(1160/61~1216년)까지, 그리고 「그리스 교부집」(162권,
1857~1866년)은 클레멘스 로마누스(?~101년경)로부터 벳사리온
(1403~1472년)까지를 다루고 있으며, 연대상으로는 앞 단락에서
제시된 교부의 조건과 일치하지 않는다. 왜냐하면 교부학^{Patrologia}
이라는 명칭은 게르하르트^{Johannes Gerhard}(1582~1637)가 『교부학』을

출판한 1653년 이후에 확립되었기 때문이며, 그 무렵부터 교부라는 명칭을 널리 교회 저작가를 포함하여 사용하게 되었기 때문이다.

수도 생활

교부들 가운데 많은 이는 수도자이기도 했다. 그들은 수도원에서 생활했고, 저작은 그 수도 생활로부터 만들어졌다. 수도회에는 관상 수도회와 활동 수도회가 있다. 후자에서 수도자는 수도원 밖으로 나가 교육에 종사하거나 병원에서 활동하거나 한다. 전자에서 수도자는 수도원 밖으로 나가지 않고, 기도, 노동, 면학의 세 가지로 하루가 구성되어 있었다. 이 사이클은 중세뿐만 아니라 현대에도 관상 수도회에서 지켜지고 있다. 예를 들어 홋카이도에 있는 트라피스트 수도원(정식 명칭은 엄률 시토회)에서는 오전 3시 30분의 기상에서 오후 8시의 취침까지 독서의 기도로 시작하여 저녁 기도에 이르기까지 모두 여섯 차례의 기도 사이에 묵상과 미사, 식사, 노동, 면학이 짜 넣어져 있다. 노동은 중세에 농사, 수공예, 사본을 의미했다. 면학에 해당하는 것은 영적 독서Lectio divina의 시간으로 '성스러운 독서'라고도 번역되지만, 성경뿐만 아니라 신에 관해 쓰인 것, 요컨대 교부의 저작이나 영성에 관한 책을 읽는 것에 해당한다.

교육 시스템이 아직 확립되지 않은 중세에 수도원은 주교좌 성당 부속학교(대성당 부속학교라고도 한다)와 함께 교육을 받을 수 있는 장소였다. 귀족 출신인 토마스 아퀴나스는 어린 시절 훈육과 교육을 위해 베네딕토회의 몬테 카시노 수도원에 맡겨졌다는 것이 알려져 있다.

새로 들어온 수도자에게는 읽기나 사본 필사 방법을 가르쳤다. 요컨대 수도원에는 많은 책이 있었다. 당시에는 인쇄술이 발명되지 않았기 때문에 책은 모두 필사였다. 종이는 2세기에 중국에서 발명되어 8세기에 이르러 사마르칸트에 제조법이 전해졌지만, 유럽에서는 거위 깃털 펜에 잉크를 묻혀 양피지에 책을 필사하고 있었다. 그로 인해 책의 가격은 비쌌고, 자신들을 위해서뿐만 아니라 책을 팔아서 수입을 얻기 위해서도 수도원에서 사본의 필사가 이루어졌다. 덧붙이자면, 서구에서는 요한네스 구텐베르크가 1456년에 인쇄술을 발명했지만, 중국에서는 필승畢昇이 1041년부터 1048년 사이에 활판 인쇄를 이미 발명했다(로버트 K. G. 템플Robert K. G. Temple, 『도설 중국의 과학과 문명図說 中國の科學と文明』, 우시야마 데루요牛山輝代 감역, 조지프 니덤 서문, 河出書房新社, 1992년). 그러나 당시에는 지리적인 횡적 연결이 아직 충분하지 않아 중국에서의 발명이 서구에 전해지지는 않았다.

수도 생활의 기본 이념은 정결, 청빈, 순종의 세 가지이다. 정결은 평생 독신을 지키고 수도원을 떠나지 않는 것, 청빈은 세속적인 재산을 버리고 간소한 삶을 사는 것, 순종은 신과 윗사람 및 계율에 대한 순종을 의미한다. 관상 수도회에서는 어떤 한 수도원 안에 평생 정착해 거주하는 것도 기본 이념에 포함된다. 누르시아의 베네딕토(480년경~547/60년경)의 정신을 이어받아 '기도하라 그리고 일하라'(오라 에트 라보라ora et labora)가 관상 수도회의 표어가 된다.

2. 안셀무스의 신학과 철학

캔터베리의 안셀무스

중세 초기를 대표하는 철학자나 신학자로서 캔터베리의 안셀무스(1033~1109)라는 이름을 꼽을 수 있다. 안셀무스는 북이탈리아의 아오스타에서 태어났다. 그는 어머니의 사후 아버지와 불화하게 되고, 또한 수도자가 되기를 희망하여 집을 떠났다. 클뤼니 수도원에 들어갈지 베크 수도원에 들어갈지를 고민한 후, 안셀무스가 선택한 것은 프랑스 노르망디에 있는 베네딕토회 베크 수도원이었다. 당시의 수도원장은 란프랑쿠스Lanfrancus(1010~1089)였다. 란프랑쿠스가 칸의 수도원장이 되었을 때, 안셀무스는 베크의 부수도원장이 되었고, 15년 후에는 수도원장에 취임했다. 그 후 1093년에 그는 란프랑쿠스의 죽음 이후 공석이 되어 있던 캔터베리의 대주교에 임명되었다. 대주교 취임 후에는 주교의 서임권, 교회 재산에 대한 왕의 과세권 등, 왕과의 사이에서 문제가 생겼다. 그는 영국으로부터 유럽을 목표로 하여 도버 해협에 나섰을 때 약 3년에 걸친 추방을 두 차례 체험했다.

안셀무스는 1494년에 성인의 반열에 올랐고, 1720년에 교회에 의해 교회 박사로 인정되었다.

다음에 이야기하는 『프로슬로기온』은 철학사에서 커다란 영향을 미쳤지만, 『쿠르 데우스 호모(왜 신은 인간이 되었는가?)』도 속죄론 분야에서 중요한 역할을 하고 있다.

앎과 이해를 구하는 신앙과 신의 존재 증명

우리는 보통 이해하고 나서 믿는다고 생각하지만, 안셀무스는 믿고서 이해하는 것을 강조한다. '나는 믿기 위해 이해하는 것은 바라지 않으며, 이해하기 위해 믿는다'(『프로슬로기온』, 제1장)라는 문장이 그 점을 단적으로 보여준다. 이 사고방식은 '앎과 이해를 구하는 신앙'이라고 하며, '이해를 구하는 신앙'이라고도 한다. 그것은 믿고 나서야 비로소 이해가 가능해진다는 것과 믿음으로써 이해를 깊이 하는 실마리를 발견할 수 있다는 것을 시사한다. '앎과 이해를 구하는 신앙'이란 자신의 이해력은 신의 높이와 비교할 수 없지만, 신의 진리를 조금이라도 이해하고 싶어 하는 안셀무스의 소망이 응축된 표현이다.

안셀무스는 신이 '그보다 더 위대한 것이 생각될 수 없는 것'이라고 말하며, 『프로슬로기온』 제2장부터 제4장에서 이른바 신 존재

증명을 했다. 어떤 것을 이해하는 것은 그것이 존재한다는 것을 이해하지 못하더라도 이해할 수 있다. 즉, 정의 그 자체는 문법적으로 논리적으로 이해할 수 있다. 그러나 그보다 더 위대한 것이 생각될 수 없는 것은 그보다 더 위대한 것이 생각될 수 있는 것이라면 모순되게 된다. 그런 까닭에 신이 신이기 위해서는 실재로서 존재하지 않으면 안 된다.

이 사고방식이 전제로 하는 것은 이해 속에서만 있기보다 실재로서도 존재하는 쪽이 더 위대하다는 것이다. 이 복잡한 사고방식을 이해하는 힌트는 『프로슬로기온』 제4장에서 발견된다. 안셀무스는 '어떤 것에 대해 생각한다고 하더라도 그것을 의미하는 말을 생각할 때와 그것인 것 자체를 이해할 때는 다르다'(『중세사상 원전 집성 7. 전기 스콜라학中世思想原典集成 7. 前期スコラ学』, 후루타 교古田曉 옮김, 平凡社, 192쪽)라고 말한다. 안셀무스는 생각하는 행위와 이해하는 행위를 구별한다. 그것을 의미하는 말이란 어떤 것에 대한 말이며, 그것을 의미하는 말을 생각하는 것이라면, 실제로 존재하지 않는 것을 생각할 수도 있다. 다른 한편, 그것인 것 자체란 어떤 것 자체인 것이고, 어떤 것 자체를 생각하는 것이라면, 신 자체는 존재하는 까닭에 신은 존재하지 않는다고 생각할 수 없다.

안셀무스는 『프로슬로기온』의 뒤에 '어떤 사람은 이에 대해 무엇을 어리석은 자를 위해 대변하는가'라는 문장을 붙이고 있다. 이것은 마르무티에 수도원의 수도사였던 가우닐로가 묻고자 했던 것으로 생각되며, '가우닐로의 반론'이라고 불린다. 그 요지는 ① 우리는 그것의 존재를 알고 나서 그것에 대해 말할 수 있다, ② 관념 속에 있다고 해서 실재한다고는 말할 수 없다는 두 가지이다. ②에 대해서는 '행복한 섬'의 관념이 예로 제시된다. 큰 바다의 어딘가에 있고 부와 쾌락으로 가득 차 있는 행복한 섬을 이해한다고 하더라도 그것이 존재한다는 것으로 귀결되지 않는다는 것이다.

이에 대한 안셀무스의 답변 '본론의 저자는 이것들에 대해 어떻게 대답하는가'가 덧붙여져 있다. 안셀무스는 ①에 대해 우리는 신앙자로서 언제나 신이 존재한다는 것을 알고 있다고 말하고, ②에 대해서는 관념과 실재의 일치는 최고의 것에 대해서만 말할 수 있으며, '그보다 더 위대한 것은 생각될 수 없는 것이 생각되고 있을 때, 존재하지 않을 수 있는 것이 생각되고 있는 것이라면, 그보다 더 위대한 것은 생각될 수 없는 것이 생각되고 있는 것이 아니다'(후루타 교古田曉 옮김, 237쪽)라고 대답하는 것이다.

안셀무스의 이러한 사고방식은 신의 존재론적 증명 또는 본체론적 증명이라고 불리며, 중세뿐만 아니라 현대에 이르기까지 다양한 수용 방식이 이루어졌다. 안셀무스가 신앙을 전제로 하고 있었던 데 반해, 가우닐로는 신앙을 갖지 않는 사람의 입장에 서 있기 때문이다. 안셀무스가 신앙의 입장에서 출발하는 까닭에 이것은 철학이 아니라 신학이라는 의견이 있다면, 신앙에 의해 주어진 것을 가능한 한 이성을 사용해 설명하려고 하는 까닭에 이것이야말로 스콜라 철학이 지향하는 것이라는 의견도 있다. 이에 대해 철학사에서는 데카르트가 긍정적이고, 칸트는 부정적이다.

악의 문제

인간의 영위에서 악의 문제를 피해 갈 수는 없다. 우리가 악에 대해 적극적으로 생각하는 일은 없을지도 모르지만, 악의 문제는 사랑에 대해서와 마찬가지로 자신의 체험을 바탕으로 생각되는 것들 가운데 하나이다.

안셀무스는 아우구스티누스와 마찬가지로 '악은 선의 결여이다'라고 생각한다. 그러나 그 내용이 반드시 같은 것은 아니다. 철학에서는 같은 용어나 말을 사용하더라도 의미하는 내용이 언제나 같다고는 할 수 없다. 철학자마다 사용 방식을 달리하는 일이 있다. 그 한 가지 예가 악을 둘러싼 아우구스티누스와 안셀무스의 파악 방식이다.

그리스도교 철학에서 악의 문제가 주제가 되는 것은 신이 전능한데도 불구하고 왜 악이 생기는가 하는 의문이 생기기 때문이다. '악은 선의 결여이다'라는 생각을 처음으로 제시한 것은 아우구스티누스이지만, 이 생각 자체는 아우구스티누스뿐만 아니라 그 이후의 그리스도교 철학 전체에 해당하는 것이다.

그런데 우리는 악과 죄를 거의 같은 의미로 사용하는 경우가 많지만, 엄밀히 말하면 죄와 악은 같지 않다. 죄는 도덕적인 의미에서 사용되는 데 반해, 악은 도덕적 의미에 한정되지 않기 때문이다. 즉, 죄는 인간의 행위와 관련해서 물어지지만, 악은 죄보다 더 넓은 의미로 사용되며 도덕적 악뿐만 아니라 물리적 악(재해나 질병 등이 이에 해당한다)도 포함한다.

안셀무스는 '확실히 해서는 안 되는 일을 하는 사람 또는 해야 할 일을 하지 않는 사람이 악하게 행하는 것이다'(『철학 논고 단편』)라고 말한다. 즉, 악한 행위란 '해서는 안 되는 일을 하는 것', 또는 '해야 할 일을 하지 않는 것'으로 이해할 수 있는 것이다. 우리는 해서는 안 되는 일을 할 때가 해야 할 일을 하지 않을 때보다 악의 정도를 강하게 느끼는 경우가 많다. 그러나 해서는 안 되는 일을 하는 것과 해야 할 일을 하지 않는 것은 악의 무게가 같다. 오히려 그것들은 표리일체라고 말할 수 있다.

'해서는 안 되는 것에 대한 지향'으로서의 이반

악에 관해 안셀무스는 아우구스티누스와 기본적으로 같은 생각을 가지면서도 다른 관점에서 분석한다. 죄의 예를 생각해보자. 그리스도교에서 죄는 신으로부터 등 돌리기·이반離叛이다. 즉, 신의 눈에서 보아 바람직한 상태에서 벗어나는 것을 의미한다. 그것은 본래적으로는 하마르티아(그리스어로 과녁을 벗어나는 일)이다.

아우구스티누스는 악을 정의하여 '불변적인 선으로부터의 의지의 돌아섬과 가변적인 선으로의 전향'(『자유의지론』, 제2권 제19장 제53절)이라고 했다. 불변적인 선이란 신의 것이다. 본래 향해야 할 신에게서 떠나 신 이외의 가변적 선을 추구할 때 죄가 된다. 가변적 선으로 향함으로써 불변적인 선으로부터 돌아서게 되기 때문에, 죄가 죄인 까닭은 신에게서 떠나는 것이다.

그럼에도 불구하고 안셀무스는 신으로부터의 돌아섬이라는 표현을 쓰지 않고 '바라서는 안 되는 것에 대한 지향'이라는 말로 죄를 표현했다. 원문의 라틴어에서는 아우구스티누스의 '전향'도 안셀무스의 '지향'도 콘베르시오conversio라는 같은 단어를 사용하고 있다. 여기서 중요한 것은 '해서는 안 된다'라는 표현이다.

안셀무스는 사람이 의지할 때 유익함을 바라는 성향과 올바름을 바라는 경향이 있다고 말한다(『자유 선택과 예지, 예정 및 신의 은총의 조화에 대하여』, 제3문제 11). 올바름Rectitude은 궁극적으로는 정의를 의미한다. 그리고 선의 결여로서의 악이라는 생각에 정의의 개념이 더해짐으로써 선의 결여는 정의의 결여도 의미하게 된다. 안셀무스에 따르면, 정의는 '그것 자체를 위해 유지되는 의지의 올바름'(『진리론』, 제12장)이며, 유익함만을 바랄 때 사람은 정의를 포기한다. 정의는 불변적인 선이라고 이해할 수 있는 까닭에, 정의의 포기는 아우구스티누스가 말하는 '불변적인 선으로부터의 의지의 돌아섬'에 해당한다고 볼 수 있을 것이다.

의지는 아우구스티누스에 따르면 신에게서 떨어져 나가고, 안셀무스에 따르면 바라서는 안 되는 것으로 향한다. 아우구스티누스는 선한 의지에 '전향', 악한 의지에 '돌아섬'이라는 두 말을 사용하며, 그 대신 의지가 향하거나 떠나가는 대상을 '신'이라는 한 단어로 표현했다. 다른 한편 안셀무스는 대상을 '바라야 하는 것'과 '바라서는 안 되는 것'이라는 두 가지 표현으로 구분해서 사용하며, 의지에 관해서는 '지향'이라는 하나의 단어를 사용했다.

안셀무스는 아우구스티누스의 생각을 받아들이면서 '해야 한다'와 정의라는 사고방식을 더하고 있다. 그렇게 함으로써 돌아섬이라는 말을 사용하지 않고 '바라서는 안 되는 것에 대한 지향'이라는 말로 신으로부터의 돌아섬의 내용을 표현할 수 있었다.

3. 11세기에서 12세기로

수도원 신학과 스콜라 신학

11세기에서 12세기로 들어서자 신학의 스타일이 수도원 신학과 스콜라 신학의 둘로 나뉘어 갔다. 수도원 신학은 성서, 교부, 로마 고전 등의 전통에 충실하여 수도원 부속학교에서 유지되었다. 다른 한편 스콜라 신학은 주교좌 성당 부속학교에서 이루어지며, 토론을 중시하고 자발적인 이성적 탐구를 존중했다. 전자에는 클레르보의 베르나르두스와 생-빅토르학파, 후자에는 아벨라르두스와 샤르트르학파가 해당한다. 그들은 모두 자신이 신앙하는 것을 이해하려고 했으며, 두 신학은 스타일의 차이로 간주할 수 있다. 예를 들어 아벨라르두스가 열심히 종종 의문을 지니는 것이 지혜의 첫 번째 열쇠라고 했던 것에 대해 베르나르두스가 '의문을 제기하는 것보다 기도함으로써'라고 비판한 것이 그것을 단적으로 보여줄 것이다. 베르나르두스는 아벨라르두스의 분석적 방법을 혐오하고, 이성을 넘어선 것을 이성으로 검토하고 있다고 비판했다. 신을 위해 학문이 필요하다면 수도회도 학문을 인정하지만, 수도원 문화에서는 학문을 위한 학문은 요구되지 않는다. 9세기경까지는 수도원장이 주교좌 성당의 수장, 즉 주교를 겸임하는 예도 있고, 그러한 경우 수도원 부속학교가 동시에 주교좌 성당 부속학교이기도 했다.

이 절에서는 샤르트르학파와 생–빅토르학파를 살펴보기로 하자.

샤르트르학파

샤르트르의 베르나르두스(프랑스어로 읽으면 베르나르, ?~1126)는 1984년에 『플라톤 주석』이 그의 저작으로 생각되기 전에는 현존하는 저작이 없다고 여겨진 인물이다. 그럼에도 불구하고 그는 다음의 문구로 알려져 있었다. 우리는 그것을 솔즈베리의 요한네스(1115/20년경~1180)의 저서 『메타로기콘』으로부터 간접적으로 알 수 있다.

샤르트르의 베르나르두스는 우리가 마치 거인의 어깨 위에 올라앉은 난쟁이와 같다고 말했다. 즉, 그에 따르면 우리는 거인보다 더 많은 것, 더 멀리 있는 것을 볼 수 있지만, 그것은 자신의 시각의 날카로움이나 신체의 탁월성 때문이 아니라 오히려 거인의 크기 때문에 높은 곳으로 들어 올려져 있기 때문이라는 것이다. (『메타로기콘』, 제3권 제4장, 진노 다카시甚野尚志·나카자와 쓰토무中澤務 옮김, 『중세사상 원전 집성 8. 샤르트르학파中世思想原典集成 8. シャルトル学派』, 平凡社, 730~731쪽)

후세를 살아가는 자가 앞선 이들에게 얼마나 많은 것을 빚지고 있는가? 지금 우리가 당연하게 생각하는 것도 그 지평을 갖추어 준 사람이 있었기에 그렇게 생각할 수 있는 것이며, 결코 자신의 힘에 의한 것이 아니다. 노벨상 수상자를 심사하고 결정하는 데서 그 사항을 발견하는 데 진정한 의미에서 이바지한 것이 누구인지를 충실히 검증하는 것은 이 발상과 연결될 것이다. '시원을 묻고 시원으로 거슬러 올라가는 것이 무엇보다도 중요하다고 생각하는 사유와 태도는 특히 서양의 학문에서 두드러진'(『세계철학사 1』, 제1장 2절, 43쪽) 것이다.

'거인의 어깨 위에 올라앉은 난쟁이'의 비유는 콩슈의 기욤(1090년경~1154년경)이 말했다. 기욤은 이 문구에 대해 샤르트르의 베르나르두스가 말했다고는 쓰지 않았지만, 요한네스는 자신의 스승인 기욤으로부터 이 문구를 배운 것으로 추측된다.

또한 요한네스는 『메타로기콘』 제1권에서 코르니피키우스에 대해 말하고, 그들 대부분이 나태하고 어리석으며, 현명해지기보다 사람들에게 그렇게 보이기를 바란다고 엄혹하게 비판하고 있다. 코르니피키우스는 일곱 자유 학예를 중심으로 하는 교육을 중시하지 않은 동시대인들에게 요한네스가 붙인 이름으로 원래는 베르길리우스(기원전 70~기원전 19)를 비판한 코르니피키우스 Cornificius(누구를 가리키는지 밝혀지지 않았다)에서 유래한다.

콩슈의 기욤은 솔즈베리의 요한네스가 '샤르트르의 베르나르두스 이후 가장 뛰어난 문법가'라고 말한 인물이다. 그는 『우주의 철학Philosophia mundi』을 저술했다. 거기서는 원소, 화성, 수성, 목성 등의 천체, 비, 눈, 천둥 등의 기상, 봄, 여름, 가을, 겨울의 사계, 눈, 귀, 혼 등에 대해 기술하고 있으며, 그것들은 인류의 창조와 관련하여 쓰여 있다. 성서를 문자 그대로의 해석이 아니라 비유적 해석으로 읽을 것을 이야기하면서 기욤은 신앙과 이성에 대해 말했다고 할 수 있다.

베르나르두스 실베스트리스(1100년경~1160년경)는 우주를 대우주Megacosmos, 우리 인간을 소우주Microcosmos라고 이름 지었다. 이것은 「창세기」 서두의 천지 창조를 해석하는 데서 나온 발상이다.

샤르트르학파는 고전의 교양이 풍부하고 자연에 관한 관심을 지니는 것이 그 특징이다.

생-빅토르학파

파리 시테섬의 세느 좌안에 있는 생-빅토르 수도원에서 연구에 종사한 사람들이 있었다. 그들은 생-빅토르학파라고 불리는 경우가 많지만, 실제로 학파를 형성하기까지에는 이르지 못했다. 이 수도원은 샹포의 기욤(1070년경~1121)이 아벨라르두스에게 논박당해 실각하여 파리의 주교좌 성당 부속학교장에서 물러난 후, 몸을 둔 수도원이기도 하다.

생-빅토르의 후고(1096~1141)는 그들 가운데 가장 이름이 알려진 인물이다.

> 어떤 것은 그 자체를 위해 알려져야 하지만, 어떤 것은 설사 그 자체를 위해 우리의 노고를 기울일 가치가 없는 것으로 보이더라도, 그것들 없이는 전자를 분명히 알 수 없는 까닭에, 그것들을 결코 소홀히 지나쳐서는 안 된다. 모든 것을 배워라. 아무것도 쓸데없는 게 아니라는 것이 나중에 당신의 눈에 보이게 될 것이다. 압축된 학식은 기뻐할 만한 것이 아니다. (『디다스칼리콘(학습론) — 독해의 연구에 대하여^{ディダスカリコン(学習論) — 讀解の研究について}』 제6권 제3장, 아라이 요이치荒井洋一 옮김, 『중세 사상 원전 집성 9. 생-빅토르학파中世思想原典集成 9. サン—ヴィクトル学派』, 平凡社, 149쪽)

이 문장으로부터 우리는 후고가 광범위한 지식을 적극적으로 흡수하는 인물임을 짐작할 수 있다. '철학이란 모든 인간적이고 신적인 사물의 근거를 철저히 탐구하는 학문 분야이다(『디다스칼리콘(학습론) — 독해의 연구에 대하여』, 제1권 제4장, 이오키베 히로시五百旗頭博治 옮김, 40쪽)라는 후고의 문구 자체가 그 점을 뒷받침하고 있다. 그러나 후고에게는 어디까지나 성서 연구가 모든 배움과 연구의 근본이었다.

생−빅토르의 리카르두스(?~1173)는 후고 밑에서 공부하고 자신의 사유를 전개해갔다. 『강렬한 사랑의 네 단계에 대하여』(아라이 요이치 옮김, 『중세사상 원전 집성 9. 생−빅토르학파』 수록)에서 그는 사람에 대한 감정에서의 사랑과 신에 대한 감정에서의 사랑에 대해 말하고 있다. 그 가운데 어느 사랑이든 네 단계로 이루어진다. 사람에 대한 감정에서의 사랑은 상처를 입히는 사랑, 포로로 만드는 사랑, 여위게 하는 사랑, 쇠약하게 만드는 사랑으로 이루어지며, 신에 대한 감정에서의 사랑은 마음으로부터 사랑하거나 마음을 다해 사랑하거나 혼을 다해 사랑하거나 모든 힘을 다해 사랑하는 것이다. 후자는 묵상과 관상에 의해, 환희에서, 동감으로부터 안으로 들어가거나 상승하거나 이끌려 들어가거나 밖으로 나가거나 한다.

그러나 신에 대한 감정에서의 사랑의 네 번째 단계에서 정신은 신을 위해 밖으로 나가고, 자기 자신보다 아래로 내려간다. 왜 내려가는 것일까? 신에 대한 감정에서의 첫 번째 단계에서 신은 정신으로 들어오고 정신은 자기 자신에게 되돌아오며, 두 번째 단계에서 정신은 자기 자신을 넘어서 상승하여 신 쪽으로 올라가고, 세 번째 단계에서는 신 쪽으로 올라간 정신은 전면적으로 신 안으로 몰입한다. 네 번째 단계에서는 한층 더 나아간 극에 이를 수는 없는 것일까? 그것은 첫 번째 단계에서 정신은 자신을 위해 일하고, 네 번째 단계에서 정신은 이웃을 위해 일하기 때문이다. 네 번째 단계에서 '신을 위해'라고 쓰여 있는 것은 자신이 아니라 이웃을 위해서라는 의미로 말미암은 것이다. 신에 대한 감정에서의 사랑은 세 번째 단계에 이른 후에는 네 번째 단계에서 자신으로부터 밖, 즉 이웃으로 향하며 원수도 사랑하는 사랑으로 승화하는 것이다.

중세 초기에는 수도원과 주교좌 성당과 같은 그리스도교와 직접적으로 관계가 있는 환경에서 철학과 신학이 깊이를 더해 갔다. 교외에 있는 수도원으로부터 도시 중심부의 주교좌 성당으로 사유의 장소가 서서히 이동했지만, 장소와 형태의 차이는 있다 하더라도 신에 대한 사랑에서 쏟아져 나온 책을 집필했다는 점에서는 모두 공통적이다. 안셀무스가 처음에 수도 생활을 한 베크의 수도원은 현재도 에브뢰역에서 출발하는 버스가 오전에 한 대, 오후에 한 대인 환경에 자리하고 있다. 안셀무스가 살아 있던 무렵에는 어떠했을까?

철학자와 신학자들의 숨결이 유지된 채 12세기에는 대학이 성립되고 철학 스타일이 서서히 변화해가게 되었다.

☞ 좀 더 자세히 알기 위한 참고 문헌

— 딘첼바허Peter Dinzelbacher · 호그James Lester Hogg 편, 『수도원 문화사 사전修道
院文化史事典』, 아사쿠라 분이치朝倉文市 감역, 八坂書房, 2008년. 가톨릭의
주요한 수도회에 대해 역사, 영성, 문학, 건축과 조형 예술, 음악, 신학과
인문 과학, 교육 등 분야별로 창립 때부터 20세기까지를 아우르고 있다.
많은 도판과 함께 각 수도회의 특징을 그리고 있으며, 읽을거리로서의
활용도 가능하다.

— 장 르클레르Jean Leclercq, 『수도원 문화 입문—학문에 대한 사랑과 신에
대한 희구修道院文化入門—学問への愛と神への希求』, 간자키 다다아키神崎忠昭 ·
요우치 요시아키矢內義顯 옮김, 知泉書館, 2004년. 1957년에 출판된 책의
번역. 프랑스어 원제는 『문학에 대한 사랑과 신에 대한 희구—중세의
수도원 저작가로의 입문』이다. 수도원 신학을 언급한 책으로, 연구자인
베네딕토회 수도사인 르클레르에 의한, 중세에 머물지 않는 수도원
문화에 대한 고찰이 전개되고 있다.

— 서던Richard William Southern, 『캔터베리의 안셀무스—풍경 속의 초상ヵンタ
ベリーのアンセルムス—風景の中の肖像』, 요우치 요시아키矢內義顯 옮김, 知泉書館,
2015년. 1990년에 출판된 책의 번역. 안셀무스 연구의 석학에 의한
연구서이다.

— 조치대학上智大学 중세사상연구소 편역 · 감수, 『중세사상 원전 집성 정선
3, 4. 라틴 중세의 융성 1, 2中世思想原典集成 精選 3, 4. ラテン中世の興隆 1, 2』,
모두 平凡社ライブラリー, 2019년. 『중세사상 원전 집성』을 정선한 문고
판. 정선 3에는 『프로슬로기온』의 번역이, 정선 4에는 『디다스칼리콘(학
습론)—독해의 연구에 대하여』의 번역이 포함되어 있다.

제4장

존재 문제와 중세 논리학

나가시마 데쓰야永嶋哲也

1. 들어가며

'그 철학자 아리스토텔레스'

이 장에서 다루고자 하는 것은 예리한 논리력과 강인한 사유의 힘으로 인해 사람들에게서 열광과 적대시의 대상이 된 철학자에 대한 것이다. 그리고 그에 앞서 또 한 사람, 외국의 사상을 소개하는 데는 능숙하지만, 독창성이 없는 상식인으로 여겨져 온 철학자이다. 이 두 사람을 씨실로 하고 논리학이라는 학문 전통을 날실로 하여 서유럽의 중세, 라틴 문화권에서의 철학에서 전개된 보편 존재에 대한 논의를 개관하고자 한다. 그런데 또 한 사람의 주요한 등장인물이 있다. '그 철학자' 아리스토텔레스이다.

아리스토텔레스의 텍스트는 난해하다. 전집의 어느 저작이든 손에 쥐고 반 페이지라도 읽으면 대부분 사람은 잠에 빠져들 정도로 난해하다. 그러나 야무지게 주의 깊게 읽으면 체계적이고 포괄적이며 심오하고, 그러나 강력한 개념 장치를 구사하는 형이상학도 제공해 준다. 중세 학자들은 그의 철학을 가지고서 신학, 논리학, 윤리학, 자연학, 다양한 철학을 전개했다. 시대를 현대로 옮기더라도 철학의 전문가라는 것은 아리스토텔레스를 읽어내고 아리스토텔레스에 대해 논의할 수 있는 사람을 의미한다.

서유럽의 중세에 아리스토텔레스의 텍스트는 두 단계로 수용되었다. 고대 로마로부터 이어받은 부분과 12세기 중반부터 아라비아를 거쳐 다시 이입된 부분이다. 이 장에서 주로 다루는 것은 이 새로운 이입이 일어나기 전에 활약한 두 사람의 철학자이다. 비유하자면, 아리스토텔레스가 남긴 지도(논리학)를 한 손에 들고서, 그렇지만 강력한 무기(형이상학)는 갖지 못한 채 언어와 존재와 인식이 겹쳐진 세계로 모험에 나선 무모한 자들의 이야기라는 느낌이다. 게다가 그 지도는 찢어져서 절반이 사라져버린 가운데서 이루어지는 모험이다. 철학사 책은 어떻게 하더라도 모험의 책이 될 수는 없지만, 모험이라고 말하기에 어울리는 삶을 보낸 철학자와 그 사유 내용을 가능한 한 알기 쉽고 명료하게 그려 보이고자 한다.

겨냥도 ― 지금부터 무엇이 이야기되는가?

이를 위해 우선 이 장에서 어떠한 사항을 어떠한 순서로 다루어 갈 것인지 겨냥도를 제시하려고 한다. 요컨대 제2절에서는 이 장에서 '논리학'이라는 용어가 어떠한 의미로 사용되는 것인지 그 대강을 스케치해 보이고자 하는 것이다. 다시 말하면 서구 중세의 사상 상황에 대해 조금 설명하면서 당시 '논리학'이 어떠한 것을 의미했는지 확인해두려고 한다.

그러한 설명에서는 반드시 처음에 보에티우스라는 인물이 나오게 된다. 이어지는 제3절에서는 바로 그 보에티우스를 다루고자 한다. 즉, 그는 고대 시기의 최후에 자리하는 철학자이지만, 바로 그 보에티우스 때문에 중세의 논리학이 성립했다고 말할 수 있을 정도의 영향을 남긴 인물이다. 그는 어떠한 시대를 살아간 어떠한 인물이며, 논리학과 관련해 어떠한 공헌을 했는지, 좀 더 구체적으로 어떠한 사유를 했는지 살펴보자.

또 하나 제4절에서 다루는 에피소드가 아벨라르이다. 그의 경우 보에티우스와 달리 후대에 끼친 영향이라는 점에서는 그리 크지 않다. 그럼에도 불구하고 사상사에서의 중요성이라는 점에서는 대단히 크다고 할 수 있는 드문 인물이다. 이 인물이 논리학 영역에서 어떻게 사유했는지 살펴보자. 아벨라르 직후에 중세 논리학의 전환점이 놓여 있지만, 그렇게 함으로써 그의 공적도 근거로 하여 그 의미를 생각해보고자 한다.

2. 중세 논리학의 개략적인 스케치

중세인에게서의 '논리학'

'논리학'이라는 말에서 어떠한 내용을 이해할 수 있을까? 물론 그것은 시대에 따라 다양하게 변화한다. 예를 들어 근대 독일 철학의 헤겔이 '논리학'이라고 불렀던 내용과 현대 논리학의 시조 프레게가 '논리학'이라고 부르는 내용은 크게 다르다. 그러면 서구 중세인들은 그 말에서 어떠한 학문을 이해하고 있었을까?

논리학, 요컨대 로기카Logica라는 말이 그리스어에서 유래한 것으로 로고스logos의 학문이라는 것은 중세 논리학자들도 알고 있었다. 그런 까닭에 로기카란 '말의 학'이라는 이해도 있었고, 또한 논리학이 진위에 관계된 학문 영역이라는 인식도 있었다.

또한 논리학은 '디알렉티카Dialectica'라는 이름으로 불리기도 했다. 고대 철학의 맥락에서는 '문답법'으로도 번역되고, 그 후의 시대라면 '변증법'으로도 번역되지만, 중세에는 논리학과 많이 겹치는 학문 분야, 굳이 번역하자면 '변증학'이라는 의미로 사용되고 있었다. 아벨라르가 로기카와 디알렉티카에 대해 같은 의미라고 분명히 말하고 있지만, 다른 학자들도 그렇게 파악하고 있었던 것은 아니며, 많은 경우 이 두 단어는 구분되어 사용되었다. 그렇지만 이 두 말은 크게 의미가 겹치는 말이었다고는 말할 수 있다. 요컨대 논리학은 변증학과 마찬가지로 토론이나 논의의 도구를 제공하는 학문이라는 것이 중세에서의 인식이었다.

그리고 앞서 이 장의 「들어가며」의 한 곳에서 '아리스토텔레스가 남긴 지도'라는 표현을 사용했지만, 다시 그 예를 사용하면, 중세에 논리학이란 신학에서 형이상학적인 논의를 쌓아 올려 신의 진리에 도달하는 길이 표시된 것으로 보이는, 그렇지만 반대로 지상에서 우리를 떠날 수 없게 하는 미궁으로 인도할지도 모르는 위험한 향기가 나는 지도였다고 표현할 수 있을 것이다.

구논리학

그런데 그러한 중세 논리학이 '구舊논리학Logica vetus'과 '신新논리학Logica nova'으로 양분된다는 것을 알아 두어야만 한다. 대체로 12세기 중반 무렵을 경계로 그보다 오래된 시대의 논리학이 '구논리학', 그보다 새로운 시대의 것이 '신논리학'이라고 불린다. 양자를 떼어 놓는 것이 무엇인가 하면, 그것은 아리스토텔레스에 관한 정보량이다. 요컨대 그 시대에 아리스토텔레스의 저작과 그것들에 관한 주해가 서구의 라틴어 문화권에 들어온 것이다.

그 구논리학의 설명을 위해 우선은 고대 로마로까지 시대를 거슬러 올라가고자 한다. 고전 시기의 로마, 요컨대 키케로가 살아간 시대이다. 당시의 로마는 이른바 '이중 언어'의 문화로 어떤 일정 수준 이상의 교양을 지닌 로마인은 그리스어를 읽고 쓰기에 부자유하지 않을 정도였다고 한다. 키케로가 모국어 라틴어로 철학서를 쓸 때 '라틴어로 철학을 논의하는 의미가 있는가? 왜냐하면 철학에 관심을 지니는 그러한 지성의 소유자라면 직접 그리스어로 철학에 대해 읽을 것이기 때문'이라는 취지의 서문을 써야만 하는 그런 상황이었다.

그것이 시대가 지남에 따라 로마라는 대국은 라틴어를 주로 사용하는 서쪽과 그리스어의 동쪽으로 나뉘어 서로마 제국에서는 그리스어에 능통한 지식인의 수도 줄어들게 된다. 이윽고 서로마는 게르만 부족들에 의한 공격과 침입으로 국력이 저하되고, 476년에 게르만인 용병대장 오도아케르에 의해 종지부가 찍힌다. 그 후 게르만인에 의한 왕국이 성립하는데, 보에티우스가 아리스토텔레스와 플라톤의 전 저작을 라틴어로 번역할 계획을 세운 것은 이러한 고대 말기, 제국 멸망 후의 서로마가 놓여 있던 문화 상황이 배경에 놓여 있다. 그러나 보에티우스는 아리스토텔레스 저작 가운데 일부밖에 번역할 수 없었다. 나중에 말하게 되듯이 뜻을 이루기 위해 한창 노력하는 도중에 실각하여 처형당하기 때문이다. 이 보에티우스가 라틴어 세계에 전한 아리스토텔레스 관련 저작이야말로 '구논리학'의 중요 텍스트가 된다.

보에티우스와 그의 동시대인인 카시오도루스Flavius Magnus Aurelius Cassiodorus Senator(485년경~580/82) 등의 이후에는 사상사에서 특기해야 할 인물은 카롤링거 시기, 요컨대 칼 대제 시대까지는 특별히 보이지 않는다. 나아가 그 후 에리우게나(요한네스 에리우게나, 801/25~877년 이후)와 캔터베리의 안셀무스 등 예외적인 천재들이 빛나는 별과 같은 빛을 발하였지만, 서구 중세에 철학이 이전의 빛을 되찾기 시작하는 것은 11세기가 거의 끝나갈 무렵부터이다. 논리학의 등불은 카롤링거 시기부터 다시 불붙기 시작하지만, 논리학서와 같은 난해하고 전문적인 텍스트를 올바르게 이해하기 위해서는 학문적 축적이 요구된다. 경제력의 향상, 도시의 발전, 교육 수요의 증대 등으로 인해 대학의 전신이 되는 도시형 학교도 탄생하고 나서야 비로소 보에티우스의 텍스트가 올바르게 이해되고, 그것들을 능가하는 업적이 나오기 시작하게 되었다. 이와 같은 논리학의 부흥, 발달 그리고 보에티우스의 이해와 극복에 해당하는 시기의 논리학이 '구논리학'이라고 불렸다.

그러면 구논리학은 어떠한 사항을 어떠한 방식으로 다루고 있었는가? 물론 시기에 따라서나 사람에 따라 다르지만, 그것들 모두를 망라하여 다루는 것은 무리이기 때문에 아벨라르를 예로 하여 살펴보자. 아벨라르는 '구논리학의 정점'이라는 식으로 표현되며, 틀림없이 구논리학을 대표하는 인물이다. 그의 논리학서 『'인그레디엔티부스' 논리학*Logica Ingredientibus*』의 구성을 살펴보면 포르퓌리우스『에이사고게』와 아리스토텔레스『범주론』, 『명제론』과 보에티우스의『다양한 토포스에 대하여』의 주해로 이루어져 있다. 포르퓌리우스(그리스어명, 포르퓌리오스)는 신플라톤주

의 입장을 취하는 고대의 철학자이고, 그의 『에이사고게』라는
것은 아리스토텔레스 『범주론』의 입문서를 의도하여 쓰인 것이다.
보에티우스의 『다양한 토포스에 대하여』는 아리스토텔레스에서
발단하는 토포스론에 대한 저작이다. 요컨대 아리스토텔레스의
오르가논(논리학에 관련된 저작들)과 그것들에 관한 저작으로
논리학 영역의 범위가 정해져 있는 듯한 느낌이다. 보에티우스가
소개한 아리스토텔레스와 그의 관련 논리학서를 주해하고, 그
주해 속에서 자신의 입장을 전개하는 방식으로 구논리학은 영위되
고 있었다.

신논리학

신논리학으로 이야기를 옮기자. 12세기 중반, 그때까지 서유럽
에서는 읽을 수 없었던 아리스토텔레스의 저작이 들어온다. 논리학
서로는 『분석론 전서』, 『분석론 후서』, 『토피카』, 『소피스트적
논박에 대하여[궤변 논박론]』이다. 그 이후로 전개되는 논리학이
신논리학이다. 13세기가 될 무렵에는 파리대학과 같은 몇몇 대학이
탄생해 있었다. 학문의 중심은 도시 내의 학교가 아니라 대학으로
옮겨 가며, 그 무렵에 전개된 학문은 '스콜라학'이라고 불리게
된다. 대학이라는 교육 제도 속에서 학생들은 신학과 법학, 의학
등의 전문 학문을 배우기 전에 자유 학예를 배우게 되는데, 논리학
은 자유 학예 과목 중 하나로서, 게다가 가장 중시된 과목으로서

확고한 위치를 차지하게 된다.

그러한 가운데 신논리학은 어떠한 사항을 다루고 있었던 것일까? 신논리학에서 아마도 가장 이름이 알려진 오컴(윌리엄 오컴, 1285년경~1347)을 예로 하여 살펴보자. 그의 논리학서 『대논리학』의 구성을 살펴보면, 제1부가 '개념', 제2부가 '명제', 제3부가 '삼단논법', '추론', '오류 추리'에 대해 논의하고 있는데, 거기서의 논의는 제1부가 『에이사고게』와 『범주론』에, 제2부가 『명제론』에, 제3부가 『분석론 전서·후서』, 『토피카』, 『소피스트적 논박에 대하여』의 논의에 대응한다. 역시 신논리학에서도 아리스토텔레스의 논리학서에서 논의되었던 것을 축으로 하여 논리학이 전개되는 것이다. 그러나 개념에 대해 논의하는 제1부에서 『에이사고게』, 『범주론』의 내용 이외에 중세 논리학의 독자적인 이론인 대표^{suppositio}(지칭) 이론도 논의되고 있다는 점도 지적해두고자 한다.

그런데 이상과 같이 중세를 통해 논리학의 중심에는 아리스토텔레스가 있으며, 일부 예외가 있긴 하지만 아리스토텔레스의 텍스트를 주해하거나 소개함으로써 논의를 심화시켜갔다. 요컨대 중세 논리학이 걸쳐 있는 범위는 아리스토텔레스의 논리학 저작들, 즉 아리스토텔레스 오르가논이라고 불리는 것이 다루는 영역이었다고 말할 수 있을 것이다.

그렇지만 이와 같은 설명이 '중세 논리학은 아리스토텔레스 논리학에서 한 걸음도 전진하지 못했다'라는 오해로 연결되지 않도록 서둘러 못 박아 두지 않으면 안 된다. 바로 앞에서 언급한 대표 이론과 같은 것은 아리스토텔레스의 체계에는 존재하지 않으며, 더욱이 중세 논리학에서 고도로 세련되게 다듬어진 이론으로 유명하다. 일찍이 근대의 어떤 철학자가 중세 논리학에 대해 아리스토텔레스 논리학을 후퇴시키지도 않았지만 한 걸음의 진전도 실현할 수 없었다고 표현했다. 사람들은 자신이 이해할 수 없는 것에 대해서는 가치가 없다고 믿고 싶어 한다. 그런 의미에서 이 대사를 남긴 인물도 후세에 큰 영향을 준 위대한 철학자이긴 하지만, 바로 인간적인 단점을 우리와 공유하고 있었다고 하는 점도 있어 저절로 미소 짓게 되는 에피소드라고 할 수도 있을 것이다. 그러나 그 영향력의 크기로 인해 중세 논리학의 올바른 평가와 관련해 커다란 장애가 된 것은 부정하기 어려운 유감스러운 사실이다.

3. 보에티우스 — 갈매기의 탈을 쓴 매?

보에티우스라는 인물

앞의 개략적인 스케치에서도 언급된 보에티우스Anicius Manlius Severinus Boetius(480년경~525/6), 모험담의 첫 번째 주요 인물에 대해 살펴보자. 그는 제국 멸망 후의 서로마에서 고트인 테오도릭에 의한 동고트 왕국에서 재상을 지낸 로마인이다. 그러나 동로마와 손잡고 반역을 기도한다는 의심을 받아 투옥되고 처형당한다.

앞에서도 언급했듯이 보에티우스는 아리스토텔레스와 플라톤의 모든 저작을 라틴어로 번역할 것을 계획했지만, 부분적으로밖에 실현할 수 없었다. 구체적으로는 『범주론』, 『명제론』, 『분석론 전서』, 그리고 아리스토텔레스의 것은 아니지만 『에이사고게』, 번역되었지만 잃어버린 것이 『분석론 후서』, 『토피카』, 『소피스트적 논박에 대하여』이다. 그리고 그는 그것들의 여럿에 주해를 붙였다. 논리학에서의 작업으로서는 키케로 『토피카』의 주해서, 나아가 정언적 추론, 가언적 추론, 토포스에 관한 각각의 논리학서도 썼다. 그 밖에 산술과 음악 각각에 관한 교본, 그리스도교 교의에 관한 논문이 다섯 편, 그리고 옥중에서 쓴 『철학의 위안』 등이 있다.

이렇게 보면 플라톤과 아리스토텔레스의 모든 저작을 번역한다는 그의 웅대한 계획은 실현할 수 없었지만, 정부의 요직을 맡고 40대 중반에 죽게 되었다고는 생각할 수 없을 정도의 작업이라고 할 수 있을 것이다. 보에티우스를 받아들이는 일반적인 방식은 어학에 능숙한 상식인이라는 것이다. 확실히 그는 외래의 그리스 사상을 번역하고, 나아가 그에 대한 선행 주석서를 간결하고 이해하기 쉬운 형태로 자신의 주해서로 정리한다. 그러나 정말로 그러한 것일까? 예를 들어 한때 『철학의 위안』이 보에티우스가 쓴 것이 아니라고 여러 연구자가 생각한 시기가 있었다. 이유는 단순했다. 고전 작품의 인용을 여기저기 박아 놓고 수사학의 기법을 구사하며 문학적 취향으로 가득 찬 이 작품을 처형을 기다리는 감옥 안에서 쓸 수 있다고는 생각할 수 없다는 것이다.

그는 비범하며, 상식적인 것과는 거리가 멀다. 또한 신학 논문 안에서 '읽을 자격이 없는 사람은 대상으로 하지 않는다'라는 태도, 대상 독자에 관해 배타적인 태도를 견지하고 있다. 본래 그리스도교의 신학 논쟁에 관한 논문을 쓰고 있지만, 개인적으로 그에게 그리스도교 신앙이 있었던 것인지 의심하는 연구자도 많다. 불안정한 정치적 신분 속에서 독자적인 색깔을 선명하게 드러내는 것은 굳이 피하고 있었던 것일 터이다. 비유하여 말하자면, 그는 외래의 유행을 따라 멋을 부린 모습을 한 갈매기로 보이지만, 사실은 발톱을 숨긴 매였을지도 모른다.

어쨌든 바쁜 동시에 앞이 보이지 않는 가운데 플라톤과 아리스토텔레스의 모든 저작 중에서 우선 그가 번역하고 주석을 붙인 것은 아리스토텔레스 논리학서였다는 것을 지적해두고자 한다.

보편 문제 ─ 포르퓌리우스 『에이사고게』

아리스토텔레스의 저작을 현재와 같은 구성으로 편찬한 것은 기원전 1세기의 페리파토스학파 로도스의 안드로니코스로 여겨진다. 그가 논리학 관계의 저작을 전체 속에서 최초의 위치에 두었다. 나아가 논리학 저작 중에서도 개념으로부터 명제, 삼단논법, 논증, 오류 추론이라는 식으로 쌓아 올라가는 식의 구성이 취해졌다. 그러한 논리학 체계의 최초에 자리하는 것이 개념을 논의하는 『범주론』의 입문서, 요컨대 포르퓌리우스의 저작 『에이사고게』이다. 아리스토텔레스의 저작은 아니지만, 예외적으로 거기에 포함되어 있었다.

『에이사고게』는 유, 종, 종차, 고유성, 부대성^{附帶性, συμβεβηκός, accidens}이라는 다섯 가지의 보편에 대해 해설하고 있다. 이 책의 서두에 유·종에 관한 예로부터의 난문을 소개하면서 입문서에는 어울리지 않는 까닭에 해설은 피한다는 기술이 있다.

1. 유·종은 실재하는가? / 마음이 제멋대로 만든 개념인가?
2. 실재하는 경우 — 물체인가? / 비물체인가?
3. 비물체라면 — 개물^{個物}로부터 떨어져 있는가? / 개물 속에 있는가?

1에서 2, 2에서 3으로 이어지는 방식을 고려하면, 그는 유와 종이 실재하고 비물체적이라고 생각했을 것이다. 요컨대 사람이라는 종을 예로 들면, 우리 개인이 모두 사람이라는 것의, 사람이라고 인식되는 것의, 사람이라고 말할 수 있는 것의 근거가 비물체로서 존재한다고 말이다. 그리고 그것이 플라톤의 이데아론처럼 개물과는 다른 곳에 그 비물체적인 방식으로 존재하는가 아니면 아리스토텔레스식으로 본질 형상(에이도스)과 같은 것으로서 개물 안에 존재하는가는 입문서에 어울리지 않는 심원하고 난해한 문제라고 생각한 것일 터이다. 철학사에서 대단히 유명한 보편 논쟁이라는 것은 포르퓌리우스의 이 기술에서 비롯되었다.

진리와 존재──보에티우스에 의한 해답

이 보편 문제의 요점은 '하나와 여럿의 딜레마'로 표현된다. 인간을 예로 들면 종철이라는 인물을 가리켜 '사람이다'라고 말할 수 있는, 시모라는 사람을 가리켜, 경주라는 사람을 가리켜 '사람이다'라고 말할 수 있는 그러한 상황이다. 요컨대 완전히 다른 개인에 대해 종적으로 동일하다고 말할 수 있는 것은 어떠한 것인가 하는 물음이다. 종 '사람'과 관련해 개인의 수만큼 사람이 있는 것이라면, 그러한 사람들이 같은 사람이라고는 말할 수 없게 되며, 반대로 사람이 하나인 것이라면, 복수의 개인에게 동시에 같은 것이 있는 것은 무리라는 것이다.

보에티우스는 추상이라는 것을 가지고 나와 인식의 장면으로 논의를 옮겨 이 문제에 대한 해답을 시도했다. 요컨대 종철도 시모도 경주도 사람이라고 하는 것에 관해 감각 능력은 개물에서 감각하고, 지성은 감각으로부터 인식을 받아들여 추상해서 유사를 간파한다. 추상된 사람은 개물 없이──현실에는 있을 수 없는, 개물 없는 종 '사람'으로서──생각되고 있지만, 그 생각은 참이다. 이 추상된 '사람'이 종철에 대해 말해질 때도 참이 되지만, 개물에서 보편에 대한 인식이 참으로 된다는 의미에서 '보편은 개물 속에 있다'라고 할 수 있다고 보에티우스는 말한다. 그는 '하나와 여럿의

딜레마'라는 존재의 문제를 추상에 의해 하나로서 사유되는 보편
은 여럿에서 참으로 된다고, 유·종은 실재하는 것에 대한 참된
생각이라고 답한 것이다.

하지만 실제의 보에티우스는 매우 모호한 언어를 사용하고
있다. 그의 신학 논문이 비교적秘教的이듯이 그의 보편 이론은 다의
적이다. 사실 그는 생각이 보편이라고도, 개물 속에 보편이 존재한
다고도 쓰고 있다. 요컨대 보에티우스는 보편이 개념이라고 주장했
다고도, 보편이 개물 안에 실재한다고 주장했다고도 받아들일
수 있는 글쓰기를 하고 있으며, 문제에 대답하지 않고 얼버무리고
있다는 등으로 그를 비판하는 연구자도 많다.

4. 아벨라르 ─ 중세 철학의 늑대

보에티우스의 계승과 이반

보에티우스 이후 고대 시기가 끝나고 중세 라틴 세계의 사상
상황이 어떠한 식으로 되는지는 개략적인 스케치에 쓴 그대로이다.
수백 년이 지나 보에티우스가 쓴 글이 학자들에 의해 연구되기
시작했을 무렵, 논리학 영역에서는 오늘날의 우리에게는 조금
기묘하게 보이는 논의를 하고 있었다. 논리학이 다루는 것은 사물
인가 아니면 말인가 하는 문제가 바로 그것이다. 아니, 그것으로는

다소 지나치게 대략적일지도 모른다. 논리학에서 최초에 오는 『범주론』이나 『에이사고게』의 범주나 보편은 사물res인가 음성vox인가를 묻게 된 것이다. 오늘날의 파악 방식에서 보면 다소 어리둥절하게 만드는 물음일지도 모르지만, 논리학의 기초인 범주와 보편은 세계의 실재에서 근거를 지니는가, 그렇지 않으면 규약적인가 하는 문제를 논의했다고 생각하면 그다지 위화감을 느끼지 않을 수 있을 것이다. 그리고 그들 가운데서 다수파를 차지한 정통적인 견해는 전자, 요컨대 논리학이 다루는 것은 사물이라는 입장이었다.

보편론에 관해서는 보에티우스의 해답에 따르는 방식으로 응답하는 것이 정통적이고 당연하다고 생각되었다. 그러나 거기서 생각된 보에티우스는 아리스토텔레스주의적으로 본질 형상과 같은 것이 개물 속에 실재한다는 해석이다. 즉, 보편은 실재하고 물체를 뒤집어쓰고 있으며 개물 속에 존재한다고 해석되어 그러한 방향에서 보편 문제에 응답하는 것이 보에티우스를 정통적으로 이어 나가는 것이라고 생각한 것이다.

그에 반해 논리학을 음성의 학문으로 파악하는 태도는 당대의 새로운 풍조였고 신기한 입장으로 여겨졌다. 여기서 '음성'에 대해 설명을 덧붙여 두고자 한다. 여기서 말하는 음성은 목소리라는 매체에 실린 언어를 가리킨다. 문자가 올라타는 것인 양피지가 비싼 까닭에, 거기에 적는 것은 특히 기록해 두어야 할 중요한 사항뿐이었던 시대이다. 기억과 음독이 중요했던 시대, 언어라고 하면 음성이고, 음성이라고 하면 언어라는 이해였다. 요컨대 사람들이 규약적으로 사용하는 언어=음성에 근거하여 논리학을 다루자는 입장이 있고, 아벨라르Petrus Abelardus(1079~1142)는 그 학파의 최후의 학자로서 그 학파의 입장을 새롭게 하는 자로서 등장한다.

아벨라르라는 인물

그러한 아벨라르인데, 비유하자면 그는 늑대이다. 서유럽의 12세기라고 하면 '12세기 르네상스'라는 말도 있듯이 다양한 문화적 변화가 생겨나고 있던 시기이지만, 문화적 성숙과는 아직 거리가 먼 시기이기도 했다. 아리스토텔레스는 다시 들어오기 직전이며, 플라톤의 경우에는 『티마이오스』이외의 저작은 전해져 있지 않았다. 그러한 사상적 유산이 갖추어져 있다고는 도저히 말할 수 없는 이를테면 '사상적 황무지'에서 그는 유산이 없다면 없는 대로 혼자 힘으로 끝까지 생각하는 강인한 사유의 힘과 날카로운 솜씨의 논리라는 송곳니를 갖고 있던 늑대이다. 그는 많은 제자를 거느리고 무리를 짓고 있어도 동아리나 동료라고 할 수 있는 자를 갖지 못한 한 마리의 늑대였다. 마을의 장로처럼 행동하고 있던 교회 내의 실력자 — 예를 들어 클레르보의 베르나르두스 — 에게 미움받고 공격당한 점도 늑대와 같다고 할 수 있다. 또한 그는 엘로이즈라는 여성과 주고받은 서간집으로 유명한데, 엘로이즈라는 대단히 매력적인 여성을 돋보이게 하는 악역을 연출하고 있다는 점에서도 늑대와 같다.

엘로이즈와의 왕복 서한은 그들의 나이가 아벨라르 50대, 엘로이즈 30대 무렵에 서로 다른 수도원에서 두 사람 모두 수도원장을 맡고 있을 때 주고받은 것이다. 편지의 내용에 관해 여기서 소개할 여유는 없지만, 그 편지들, 특히 엘로이즈의 편지에 대해 중세의 여성 혐오자들은 위험한 여성의 전형을, 근대의 낭만주의자들은 시대를 초월한 열정적 사랑의 표명을, 현대의 페미니즘 논자들은 여성 억압의 시대에 나부끼는 반란의 깃발을 알아보고 강하게 끌렸다. 그야 어쨌든 엘로이즈는 박식하고 총명하며 심지가 굳건해 역사상 손꼽을 매력적인 여성임은 틀림없지만, 그 매력을 돋보이게 하는 것도 아벨라르라는 늑대 같은 존재이다. '빨간 두건 소녀'에게도 '아기 돼지 세 마리'에게도 악역의 늑대는 빼놓을 수 없는 것이다.

그 왕복 서한 가운데 최초의 편지는 아벨라르에 의해 그의 반평생 동안 언급되며, '재앙의 기록'이라고 불린다. 거기서 그는 자신의 스승인 샹포의 기욤과 보편에 대해 논쟁을 벌이게 되어 거꾸러뜨렸다는 것을 이야기한다. 이 기욤이라는 학자도 교회 내의 실력자로 철학적으로는 보에티우스를 충실하게 따르는 견지, 요컨대 개물 속에 보편이 실재한다는 학설을 취하고 있었다. 예를 들어 종철도 시모도 경주도 존재자(사물)로서 동일한 '사람'이라는 보편을 가진다고 하는 학설이다. 그러나 논의에서 패한 후 기욤은 '존재자로서 동일'이라는 주장을 '차이가 없다 · 매우 유사하다는 점에서 동일'이라는 곳으로까지 물러지 않을 수 없었다.

언어와 존재——아벨라르에 의한 해답

스승의 '사물적 보편의 실재를 인정하는 입장'을 비판한 아벨라르이지만, 그 자신은 어떻게 대답하고 있는지, 앞에서도 언급한 『'인그레디엔티부스' 논리학』에서 이야기하는 논의로 설명하고자 한다. 보에티우스는 추상이라는 인식의 장면으로 문제를 옮겨 대처했는데, 아벨라르는 표시라는 의미의 영역으로 논의를 옮겨 문제를 해소하고자 했다.

그는 『에이사고게』의 세 가지 물음에 대답하기 전에 보편은 '복수의 것에 대해 말해지기에 적합한 것'이라는 아리스토텔레스 『명제론』의 말을 끌어내 보편은 음성(말)이라고 대답한다. 그리고 그 후에 첫 번째 물음 '유·종은 실재하는가? / 마음이 제멋대로 만든 개념인가?'에 대해 '유·종은 실재하는 사물을 표시하고' '실재에 대응하는 올바른 이해를 만들어낸다'라고 대답한다. 요컨대 의미의 장면에서 종 '사람'이라는 음성은 듣는 자의 마음에 사람에 대한 이해를 만들어내는 작용과 또한 개별적인 사람들을 지시하는 작용을 지닌다는 것이다. …… 더 나아가 두 번째 물음 '물체인가?/비물체인가?'에 대해 '보편은 물체적인 개물을 비물체적인 방식으로— 실제로는 개별적으로 따로따로 존재하는데도 하나의 총괄로서 의미하는 방식으로 — 표시한다'라고 대답한다. …… 마지막으로 세 번째 물음 '개물로부터 떨어져 있는가?/개물 속에 있는가?'에 대해 '보편의 이해는 감각에서, 요컨대 개물에서 유래한다'라고 대답한다. 현대의 '해석·텍스트 주해'라는 감각에 서 보면 지나치게 억지스러운 설명일 것이다. 억지로 말과 의미의 영역으로 옮겨 놓고 대답하고 있다.

이처럼 억지로 영역을 옮김으로써 보편의 문제에 대답하고자 한 아벨라르이지만, 보편 문제의 요체는 존재의 문제이며, 역시 그는 존재의 문제로 되돌아가게 된다. 그가 '명칭 부여의 원인'이라 고 부르는 문제이다. 비유해 말하자면, 종철이나 시모나 경주에 대해 '사람이다'라고 말할 수 있음에도 바둑이나 야옹이에 대해서 는 말할 수 없는 것은 왜인가? 라는 것을 묻게 된 것이다. 그것은 아마도 기욤의 입장에서 제기되었을 것이다. 그의 입장이라면 이 물음에 대해 종철 등은 보편적 사물 '사람'을 지니는 데 반해, 바둑이나 야옹이에게는 그러한 것이 없기 때문이라고 간단히 대답할 수 있다. 그 물음에 대해 아벨라르는 사태status라는 말을 사용하여 대답하고자 한다. '사람인 것'을 사람의 사태라고 부르며, 여러 사람은 사람의 사태로 인해 '사람이다'라고 말할 수 있다고 말이다. 그리고 이 사태라는 것은 '결코 사물이 아니다'라고 덧붙인 다. 요컨대 그것을 '명칭 부여의 원인'으로 도입하고 있지만, 그것이 어떠한 존재 신분인지 아벨라르는 말할 수 없는 것이다.

사물이 아니면서 일반명이 지니는 의미 표시의 실재적 근거로도 되는 '사람의 사태', 요컨대 '사람인 것'이라는 것은 『'인그레디엔티부스' 논리학』보다 나중에 쓰인 『'노스트로룸 페티티오니 소키오룸' 논리학(우리 동료의 요구에 대답하는 논리학)』에서는 보편 문제와 관련해 '사태'라는 용어만이 빠져 있다. 반대로 논적인 기욤 제자들의 텍스트에는 '사태'라는 말이 자주 나온다. 그들에게 '사태'는 개물이 소유하는 다양한 상태를 가리키는 것으로 실로 융통무애하게 구사되고 있다. 아벨라르가 마련한 고육책도 논적들이 편리하게 사용하여 결국 그 자신은 포기할 수밖에 없었을 것이다.

개개의 사람은 사람인 것에서 일치하기 때문에 사람이라는 말을 할당받는다. 이 설명은 동어반복과도 비슷해서 설명이 되지 않은 것처럼 보이기도 하지만, 언어라는 특수한 도구의 특수한 사정을 제대로 표현하는 것으로 보이기도 한다. 보편이라는 존재와 인식과 언어가 서로 겹치는 장면에서 강인한 사유의 힘에만 의지해 씨름한 아벨라르의 분투를 알아볼 수 있다. 그는 아리스토텔레스 형이상학이라는 강력한 무기를 지니고 있지 않았다.

중세 논리학의 발전과 재발견

개략적인 스케치에서 말했듯이, 아벨라르 이후 아리스토텔레스의 나머지 저작들이 들어와 서구 사상계의 모습은 일변한다. 논리학은 추론에 관련된 논리 저작이 알려지게 되고, 동시에 새로운 지시 이론, 즉 대표[지칭] 이론도 정밀화되었다. 요컨대 의미론상의 역설을 불러일으키는 명제를 '인솔루빌리아^{insolubilia}'(난제들)라고 부르고, 그것들에 대한 상세한 분석과 해결을 시도하고 있다. 또한 추론에 대해, 특히 오류 추론을 피하는 방법에 대해 열심히 연구가 이루어졌으며, 이를 위해 추론상의 역설이 분석되고 지켜야 할 규칙인 '오블리가티오^{obligatio}'에 대해 논의되었다. 또한 명제 중에서 명사(주어·술어)가 무엇을 지시하고 있는지를 분석하는 대표 이론도 발전했다. 예를 들어 '사람'이 사람을 의미한다는 것은 여기서는 이미 전제되어 있고 그 위에서 명제가 구성되어 있다. 명제 속의 '사람'이 다른 무언가(특정한 개인, 불특정한 개인, 사람의 집합 전체, 종으로서의 사람, 사람이라는 언어 표현 등)의 대신으로서 받아들여지는 작용을 가리켜 대표라고 부르며 중세 논리학자들은 분석을 덧붙이고 있다.

구논리학에서 축적되고 함양된 논리학적 토양에 아리스토텔레스가 다시 들어온다는 씨앗이 뿌려지고 대학 제도라는 비료에 의해 중세 논리학은 일거에 자라나 가지와 잎을 크게 펼쳤다. 이론 전개가 사변적으로 될 수밖에 없는 신학이라는 학문에 대해 논리학은 빠질 수 없는 중요한 도구였으며, 논리학을 중시하는 문화 속에서 논리학적인 관심으로부터도 논리학은 발달했다. 그러나 논리학과 같은 어떤 의미에서 특수한 학문 분야가 발달하고 이론이 세련되어간다는 것은 그 밖에 있는 사람들에 대해 높은 벽을 만들게 된다. 입문하고자 해도 할 수 없었던 많은 초학자를 낳았을 것이다. 또한 나중 시대의 철학자들로부터도 몰이해로 인한 부당한 대우를 받게 된다. 실제로 중세 논리학이 다시 평가를 받게 되기 위해서는 20세기에 들어서서 기호 논리학과 언어 철학이 발전하기를 기다리지 않으면 안 된다. 반대로 현대에는 아서 프라이어Arthur Norman Prior(1914~1969)나 피터 기치 Peter Thomas Geach(1916~2013)를 비롯한 논리학자들로부터 주목과 관심을 모으고 있다. 바로 현대 언어 철학에 의해 중세 논리학이 재발견된 것이다.

현대와의 접속이라는 점에 관해 마지막으로 한 가지 덧붙여 두고자 한다. 아벨라르의 논리학을 현대의 언어 철학과 관련하여 해석하는 학설이 있다. 즉, 현대 철학의 존재론 영역에서 D. C. 윌리엄스Donald Cary Williams(1899~1983)가 주장하는 트로프 trope 학설이 있는데, 아벨라르의 부대성 이해가 트로프와 매우 유사하다고 주장하는 연구자가 있다. 좀 더 말하자면, 일찍이 아벨라르의 의미 이론이 크립키Saul Aaron Kripke(1940~)에 의한 지시의 인과설과 매우 유사하다고 논의한 연구자도 있었고, 프레게(1848~1925)의 뜻Sinn(의미)과 지시체Bedeutung 학설을 선취한 것이라고 해설한 연구자도 있었다. 그렇게 관련짓는 것이 적절한지 아닌지는 별도로 그러한 식으로 해석할 수 있다고 우리가 생각하도록 하는 것도 아벨라르의 늑대와 같은 사유의 힘 때문일 것이며, 그러한 해석의 여지가 있는 것도 중세 논리학의 한 가지 매력일 것이다.

☞ 좀 더 자세히 알기 위한 참고 문헌

— 『아벨라르와 엘로이즈 사랑의 왕복 서한アベラールとエロイーズ愛の往復書簡』,
 구쓰카케 요시히코沓掛良彦·요코야마 아유미横山安由美 옮김, 岩波書店, 2009
 년. 하타나카 나오시畠中尚志 번역을 개역한 것으로, 언어 표현이 현대적이
 고 문자도 커져서 읽기 쉽게 되었다. 엘로이즈의 편지는 여러 차례
 되풀이해서 읽어도 경탄하게 된다.
— 리처드 E. 루벤스타인Richard E. Rubenstein, 『중세의 각성中世の覺醒』, 오자와
 치에코小澤千重子 옮김, ちくま学芸文庫, 2018년. 표현이 시각적이고 읽기
 쉽게 매력적인 중세 철학사 입문서. 2장과 3장이 보에티우스와 아벨라르.
 문고판으로 되어 입수하기 쉬워졌다.
— 야마우치 시로山內志朗, 『보편 논쟁 ― 근대의 원류로서의普遍論爭 ― 近代の
 源流としての』, 平凡社ライブラリー, 2008년. 그 이전의 상식을 많이 타파한
 기념비적인 책. 이것도 문고판으로 되어 입수하기 쉬워졌다.
— A. S. 맥그레이드A. S. McGrade 편, 『중세의 철학 ― 케임브리지 안내서中世の
 哲学 ― ケンブリッジ·コンパニオン』, 가와조에 신스케川添信介 외 옮김, 京都大学学
 術出版会, 2012년. 주제별 중세 철학사 개설서. 제3장이 「언어와 논리학」.

로마법과 중세

야부모토 마사노리薮本將典

　로마법과 중세의 관계에 대해서는 12세기 초 볼로냐에서의 '로마법의 재생'을 전기로 삼는 것이 일반적이다. 그러나 예를 들어 게르만 부족 왕국에서의 로마인 법전의 존재에서 볼 수 있듯이 역사에서 로마법이 잊힌 적은 없었다. 그러면 '로마법의 재생'이란 도대체 무엇을 의미하는가?

　결론을 선취하자면, 그것은 '법학의 재생'이다. 시조 이르네리우스 Imerius(1060년경~1130년경)의 등장 이후 로마법은 중세의 사람들에게 고전기 로마의 법학자들에게도 필적하는 고차적인 법적 사유를 가능하게 하는 새로운 학식의 원천이 되었다. 이른바 '중세 로마 법학'의 탄생이다.

　이리하여 16세기 초에 이르는 중세 로마 법학은 성서 해석에서의 훈고 기법에서 출발했다. 해석의 대상이 되는 『유스티니아누스 법전』은 지상에서의 유일한 입법자인 로마 황제의 입을 통해 말해진 신의 말씀의 집대성인 까닭에, 성서와 동등한 권위를 부여받으며, 법전을 구성하는 여러 텍스트(법문)의 의미 내용이 주석을 통해 축어적으로 검토되었다. 해석에서 불가피하게 나타나는 법문의 모순에 대해서는 스콜라학의 방법론을 원용하여 포섭이나 토포스론을 구사한 추론에 의해 법문의 무모순성으로 논의를 집약하면서 진리·정의의 절대적 표명인 법전의 권위를 확인한다.

이처럼 중세 사상에 특징적인 '권위'와 '이성'의 정묘한 조화에 입각한 중세 로마 법학에는 수위권을 둘러싼 황제권과 교황권의 이론 투쟁에 대한 적극적 참여가 기대되고, 연구와 교육을 담당하는 법과대학은 양측의 권력으로부터 자치권과 학위 수여권 등 다양한 특권을 획득했다.

다른 한편 '교회는 로마법에 의해 살아간다'라는 격언에 있는 그대로 동시대의 중세 로마 법학과 쌍벽을 이루는 것으로 교회 법학이 제시된다. 고대 이래로 교회는 주교의 재판권을 통해 고유한 교회법(성서, 공의회 결의, 교부의 견해, 교서, 로마법 단편 모음)을 유지해왔지만, 권위 있는 텍스트로서의 법전이 없는 불편을 안고 있었다. 그로 인해 교회 법학은 처음에는 독립된 학문 분야가 아니라고 지목되었지만, '교회법에서 명확하지 않은 문제에 대해서는 로마법에 따른다'라는 인식하에 중세 로마 법학의 성과가 적극적으로 도입된 결과, 1160년대에는 중세 로마 법학의 자매 학문으로서 연구·교육되기에 이르렀다.

이후 상호 보완적으로 발전한 두 법학의 결합에 따라 '양법박사兩法博士, doctor iuris utriusque' 학위를 가진 자가 등장하였고, 그들에게 공통된 법적 학식이 각지에서 보편적으로 통용되는 법리로서의 '보통법ius commne'을 형성했다. 아쿠르시우스Accursius(1185년경~1263)에 의해 정리되고, 바르톨루스Bartolus (1313/14~1357)에 의해 확립된 보통법은 지금도 유럽법의 원점이 되고 있다.

칼럼 2

회의주의 전통과 계승

가나야마 야스히라金山弥平

    '회의'라는 우리말에는 일반적으로 소극적이고 부정적인 울림이 따라붙는다. 그러나 '회의주의'(영어의 scepticism의 번역어)의 어원인 그리스어 '스켑시스'는 원래 '고찰'을 의미하는 단어였다. 모든 사람이 추구하는 '행복'에 이르기 위해서는 절대로 불가결한 '앎'(소피아)을 '사랑하고 추구하는'(필레인) 활동, 즉 '철학'(필로소피아)을 지상 명령으로 한 고대 그리스 철학자들에게 '스켑시스'는 행복에 이르는 가장 중요한 방도로서 대단히 긍정적이고 적극적인 의미를 지니고 있었다. 특히 '살아 있는 고찰' 그 자체라고도 할 수 있는 소크라테스는 '문답법'(디알렉티케)을 사용하여 동포 시민을 음미하고 논박함으로써 그들에게 자신의 무지를 깨닫게 하고 철학적 고찰을 촉구하는 활동에 자기의 생애를 바쳤다. 중세 철학이 디알렉티카로서 계승한 이 방법은 하나의 입장 A에 대해 그것과 상반된 입장 B를 대치하고 좀 더 고차적인 C에 이르려고 하는 것이지만, 그때 어디까지나 '무지의 자각'을 관철한다고 하면, 당연히 C에 대해서도 그와 상반되는 D가 대치되어야만 하고, 이리하여 이 과정은 무한히 계속된다. 소크라테스의 제자 플라톤의 학원 아카데메이아가 기원전 3세기에 학원장 아르케실라오스 아래서 회의주의로 돌아선 주된 이유 가운데 하나는 여기에 있었다.

    그러나 정말로 결론에 이를 수 없는 '스켑시스'가 행복을 가져올 수 있는가? 기원전 4세기 후반에서 3세기 전반의 사람 퓌론이 창시한 것으로 여겨지는 '퓌론주의'는 이 점에서 철학사상 중요한 의미를 지닌다. 퓌론주의자는 확실한 '앎'에 얽매이는 것이 아니라 '판단 중지'야말로 그들이 '행복'의 실질로 간주하는 '아타락시아'(부동심·마음의 평정)로 통한다고 주장했다. 6세기의 회의주의자 섹스토스 엠페이리코스가 저술한 『퓌론주의 철학의 개요』(가나야마 야스히라金山弥平·마리코万里子 옮김, 京都大学学術出版会)의 라틴어역 출판(1562년)은 근세 철학자들에게 충격을 주었고, 데카르트의 '방법적 회의'를 비롯해 근세 철학의 전개에도 커다란 영향을 미쳤다.

　의사이기도 했던 섹스토스가 권장한 '판단 중지의 열 가지 방식'은 사유의 모든 것을 '나타남'의 차원에 두고, 하나의 나타남에 다른 나타남을 대치함으로써 나타남을 나타남으로서 그대로 받아들이는 것을 중시하는 방법이었다. 이 사상은 현대의 정신 의료에서 주목받는 인지 요법에도 연결된다. 인지 요법은 부정적인 감정의 원인이 된 인지의 왜곡을 다른 인지와 대치함으로써 바로잡으려고 한다. 마음 챙김 명상Mindfulness Meditation은 판단에 기초하여 자신을 비난하는 것이 아니라 마음에의 나타남을 순수하게 나타남으로서 바라보고, 모든 것을 있는 그대로 받아들이는 것을 중시한다. 퓌론은 알렉산드로스 대왕의 동방 원정에 수행하여 인도에서 '벌거벗은 현자들'을 만났다고 전해진다. 그의 사상과 삶의 방식은 그리스 철학뿐만 아니라 인도의 명상 실천으로부터도 큰 영향을 받았을지도 모른다.

제5장

자유 학예와 문법학

세키자와 이즈미關澤和泉

이 장에서는 자유 학예(리버럴 아츠)의 전통이 서양 중세의 철학과 학문에서 어떠한 역할을 했는지, 특히 후반부에서 칼 대제 (샤를마뉴, 740년대~814) 주변에 모인 알쿠이누스를 비롯한 학자들 이전과 이후의 문법학에 초점을 맞추어 개관한다.

1. 복수의 자유 학예(리버럴 아츠)

생성하는 책

19세기 후반을 살아간 프랑스의 시인 스테판 말라르메Stéphane Mallarmé(1842~1898)는 한 권의 '책'을 만들어내는 것을 꿈꾸고 있었

다. 생전에 햇빛을 보지 못한 그 '책'은 그가 이 세상을 떠난 지 반세기가 지난 1957년에야 겨우 관련 초고가 정리·출판되어 널리 알려지게 된다. 그것은 대체로 다음과 같은 것이다(시미즈 도오루清水徹, 『말라르메의 '책'マラルメの'書物'』, 水聲社).

가장 작은 구성단위는 표지 또는 바인더처럼 기능하는 둘로 접힌 종이 한 장과 그것에 끼워 넣어진 세 장이다. 후자는 철해져 있지 않으며, 다른 바인더 종이에 끼워 넣어진 종이와 교체할 수 있다. 표지도 포함한 각 종잇조각에는 문자열(詩句)이 인쇄되어 있지만, 종잇조각을 교체하더라도 성립하도록 정묘하게 설계되어 있다. 말라르메가 구상하는 '낭독회'에서 이 종잇조각들은 보관된 특별한 가구에서 꺼내져 그때마다 조합을 바꾸면서 읽힐 때마다 다른 시문을 생성해간다…….

이 말라르메의 '책' 구상은 편자 자크 셰레르Jacques Scherer(1912~1997)의 긴 해설과 함께 출판되자 동시대의 예술가들에게 커다란 영향을 주었다. 예를 들어 나중에 지휘자로서도 이름이 알려지게 되는 작곡가 피에르 블레즈Pierre Boulez(1925~2016)는 셰레르의 교정본을 읽고 열광한다. 말라르메의 구상 속에서 그가 당시 작곡 중이던 피아노를 위한 세 번째 소나타를 연주할 때마다 순서를 바꿔놓을 수 있는 블록으로 구성하는 것의 이론적·미학적 근거를 발견했기 때문이다(영향 정도에 대해서는 본인의 기술에도 흔들림이 있다. 『블레즈/케이지 왕복 서한ブーレーズ/ケージ往復書簡』, 가사바 에이코笠羽映子 옮김, みすず書房. 끝부분에 수록된 원편자의 해설을 참조).

『토마스 아퀴나스에서 미(학)의 문제』(1956년)로 서양 중세 미학의 연구자로서 경력을 시작한 움베르토 에코(1932~2016년)는 이러한 당시의 전위 예술 활동을 돌파하고 '열린 작품'이라는 개념을 도출한다. 그리고 이 말라르메의 구상을 중세의 라이문두스 룰루스(1232년경~1315년경) 이래의 제한된 기호의 조합으로 무한한 앎을 산출하는 발상과 호응하는 것으로서 묘사한 『열린 작품』(1962년)을 출판하며, 그 반향은 나중의 중세 기호학에 대한 현대적 관심을 불러일으키는 계몽적 활동으로 이어져 간다(뒤에서 언급하는 양태론의, 이탈리아에서의 중요한 연구자인 코스탄티노 마르모 Costantino Marmo도 그의 제자이다).

자유 학예와 리버럴 아츠 사이

왜 우리는 19세기의 시인 말라르메의 서로 넘나드는 문자열과 종잇조각으로 이루어지고 그 모습을 변화시키는 책, 링크를 더듬는 방식에 따라 모습을 변화시키는 WWWWorld Wide Web의 하이퍼텍스트를 떠올리게 하는 책의 구상으로부터 이 장을 시작한 것인가? 그것은 말라르메의 책 이미지가 중세의 한 시대에서의 자유 학예라는 개념과 그 실천을 가능하게 했던 당시 미디어의 존재 방식에 대한 이해를 돕기 때문이다(그 시대 미디어의 존재 방식과 앎의 실천 방식의 교차에서 대학의 역사를 그리는 것이야말로 그 미래로

이어진다는 제안은 요시미 순야^{吉見俊哉}, 『대학이란 무엇인가^{大学とは}^{何か}』, 岩波書店에 따른다. 이 책 제1장도 참조). 이를 위해 우선은 이 말의 오늘날의 용법을 확인해보자.

이 장에서 '자유 학예'라는 말이 할당되는 것은 라틴어로 '아르테스 리베랄레스^{artes liberales}'라고 불리고 있던 일련의 학문이다(덧붙이자면 역사적으로는 '리베랄리아 스투디아^{liberalia studia}, 리베랄레스 리테라에^{liberales litterae}'라는 표현도 보인다). 일반적으로 말과 관련된 세 가지 분야, 즉 문법학, 논리학(변증학), 수사학과 수에 관련된 네 가지 분야, 즉 산술, 기하학, 음악(학), 천문학(산술에서 다루어지는 이산량이 현실에 응용된 것이 음악, 기하학에서 다루는 연속량이 응용된 것이 천문학이라고 생각되었다)의 일곱 가지 분야로 구성된다고 하는 경우가 많은 까닭에 자유 7과목이라고도 불린다(분야의 수는 더 적을 수도 있지만, 서양 중세에서도 뒤에서 이야기하듯이 대단히 다양한 영역을 포함할 수도 있다).

그 후예가 liberal arts라는 영어 표현이다. 우리말 맥락에서는 '교양 (교육)'이라는 말도 떠오르지만, 오늘날에는 이 영어 표현을 그대로 표기한 '리버럴(·)아츠'가 더 쉽게 통용될지도 모른다. 일본의 경우 실제로 일본학술회의가 2010년에 내놓은 '21세기의 교양과 교양 교육'은 '21세기의 리버럴·아츠의 창조'(강조 인용자)를 목표로 하여 수행된 분과회의 보고라고 서두에서 해명된다. 교육계 밖에서도 예를 들어 일본경제단체연합회(경단련)가 2018

년에 계속해서 내놓은 '향후 우리나라 대학 개혁 방식에 관한 제언', '향후의 채용과 대학 교육에 관한 제안'에서는 '문과'와 '이과'의 틀을 넘어서는 (교양) 교육이 필요하다는 맥락에서 '리버럴 아츠'의 중요성이 언급되고 있다. 또한 과학·기술·공학·수학의 실천적 통합을 목표로 하는 STEM 교육을 STEAM 교육으로 확장하는 논의에서도 A는 예술(아트)의 의미뿐만 아니라 리버럴 아츠를 뜻한다고 하는 경우도 있다(무네구미 도라타네胸組虎胤, 「STEM 교육과 STEAM 교육STEM教育とSTEAM教育」, 鳴門教育大学研究紀要, 제34권, 2019년).

혼란 속의 자유 학예(리버럴 아츠)

그러면 오늘날 요구되는 리버럴 아츠, 교양 (교육)이란 무엇인가? 전문 분야를 가로지르는 윤리의 기반이 되는 고전적인 교양 이미지가 언급되는 경우도 많지만, 다른 한편으로 대학 졸업 후의 활동에 초점을 맞춘 분야를 문제 삼지 않는 능력(Generic Skill, 일반 기술)의 육성으로 환원되는 경우도 적지 않다. 후자의 경우 각각의 전문 분야가 지니는 학문 유형을 떠난 곳에서 고차적인 지적 능력의 개발이 가능한지, 그렇다고 한다면 대학의 의의는 무엇인지, 애초에 그러한 능력의 개발을 집요하게 추구하는 사회는 무엇을 추구하고, 어디에 다다를 것인지, 과제는 많다(마쓰시타 가요松下佳代 편저, 『'새로운 능력'

은 교육을 변화시키는가'新しい能力'は教育を変えるか』, ミネルヴァ書房;
혼다 유키本田由紀, 『다원화하는 '능력'과 일본 사회多元化する'能力'と
日本社會』, NTT出版; 나카무라 다카야스中村高康, 『폭주하는 능력주
의暴走する能力主義』, ちくま新書 등).

혼돈의 배경에는 일본의 고등교육에서 교양 교육이 거친 역사적
경위도 있다. 인격 형성을 목적으로 한 2차대전 이전의 구제도
고등학교의 교양주의에 전후 '제너럴 에듀케이션'(일반 교육)이
접목된다. 이것은 미국에서 발전한 리버럴 아츠 교육을 배경으로
하면서도 그것을 엘리트주의를 전제하는 것이라고 비판하고, 시
민을 광범위하게 통합할 것을 목적으로 하는 것이었다. 각 학부에
서의 전문 교육에 대해 일반 교육을 담당하는 역할은 국립대학을
중심으로 교양학부로서 제도화되고, 대학에 진학하는 학생들의
급증을 흡수하는 조정 밸브의 역할도 수행하게 된다. 그러나 1991
년에 전문 교육과 일반 교육의 구분은 폐지되며, 이러한 교육을
전문적으로 담당하는 부분은 제도적인 뒷받침을 잃었다(요시다
아야吉田文, 『대학과 교양 교육大学と教養教育』, 岩波書店).

자유 학예(리버럴 아츠)는 사람을 자유롭게 한다(?)

일본에 도입된 제너럴 에듀케이션이 미국에서 논의되기에 이르
기까지 리버럴 아츠의 서양에서의 개념 전개도 그렇게 단순하지
않다. 브루스 A. 킴볼Bruce A. Kimball은 리버럴 아츠의 전통을 추적하

고, 그 속에서 철학자 전통과 변론가 전통을 발견한다. 그는 두 전통의 교체로서 현대에 이르는 리버럴 아츠의 역사를 묘사하고, 변론가 전통을 중심으로 로마에서 형성된 이념형, 즉 고전을 통해 시민을 이끈다고 하는 입장의 덕 있는 인물의 형성을 목적으로 하는 고전적 자유 학예의 이념형과, 17·18세기에 명확해지는 이념형, 즉 선행하는 권위에 대해 회의적이고 비판적으로 행동하는 리버럴 프리라는 이념형을 도출한다. 이러한 개념 틀을 이용하여 미국에서의 논의를 분석하는 가운데, 오늘날에도 자주 들을 수 있는 '리버럴 아츠는 사람을 자유롭게 한다'라는 담론은 20세기에 들어서서 새삼스럽게 급증한 어원에 대한 호소라고 하는 경위가 밝혀지고 있다(*Orators & Philosophers*, 1986, 1995. 일역은 없지만 오구치 구니오大口邦雄, 『리버럴 아츠란 무엇인가?リベラル・アーツとは何か』, 산코샤가 개요를 정리하고 있다).

그러면 라틴어로 된 표현은 무엇을 의미했던가? 적어도 중세에 그 의미는 하나가 아니다. 확실히 대학의 시대(여기서는 각지에서 제도적으로 안정된 13세기를 생각할 수 있을 것이다)에 들어서면, 자유 학예에 대해 '사람을 자유롭게 한다'와 비슷한 정의는 많이 보인다. 예를 들어 그 시대에 대학에서 학습하고 탐구하는 것과 같은 분야들에 대해 그것들이 어떠한 것인지, 또한 어떠한 책과 권위 있는 저자들(아욱토레스^{auctores})이 학습되는지를 보여주는 13세기의 『앎의 기법』이라고도 해야 할 입문적인 소론이 급증한다(어떻게 이용되었는지는 여러 가지 학설이 있다). 그 가운데 한

권, 1250년경에 쓰인 것으로 보이는 아르눌푸스의 『학문들의 구분』은 '자유 학예'라는 표현에 포함된 '자유(로운)'의 유래를 세 가지 제시한다.

'자유로운'(리베랄리스)이라고 말해지는 것은 (1) 인간을 지상적인 것들에 관계하는 것으로부터 해방하고(리베라토), 천상의 것들에 대한 사랑으로 향하게 하기 때문에, 또는 (2) 고대에 [노예가 아닌] 자유민의 아이들이 [자유 학예를] 익히는 것으로 여겨졌기 때문에, 또는 (3) [마찬가지로 고대에] 자유 학예의 교사들(독토레스)뿐만 아니라 학생들(디스키플리)도 이 학문의 탁월성과 고귀함으로 인해 황제의 징세를 면하고 있었기 때문이다.

이 『학문들의 구분』은 12세기에 아라비아어에서 라틴어로 번역된 많은 책에 더하여 13세기에 그리스어에서 번역된 많은 책을 손에 넣은 이 시대의 『앎의 기법』답게 이 책들이 보여주는 철학의 정의를 대강 점검한 후, 넓은 의미의 철학이란 학문, scientia와 같은 뜻이라고 한 다음, 그 첫 번째 구분으로서 자유 학예와 공학적 학문artes mechanicae(응용과학들이라고 번역하는 것도 가능하며, 농업과 실천 의학medicina practica을 포함한다)으로 나누어진다고 설명한다. 결과적으로 자유 학예에는 유럽이 일단 잃어버리고 이전 세기로부터 이어지는 번역 활동을 통해 다시 손에 넣게 된 여러 학문, 예를 들어 천계나 기상에 대한 논의, 동물학이나 생물학

등도 포함되게 된다. 다시 말하면 여기서 '자유 학예'는 대단히 넓은 개념으로서 다양한 학문을 정리·체계화하고 교육과 연구를 구조화하기 위한 논의를 가능하게 하는 개념으로서 기능하고 있다.

그러면 그 모든 학문이 인류에게 필요해지는 것은 왜인가? 신학적 이유로서는 정신과 신체에서 완벽했던 아담의 타락 때문이라고 아르눌푸스는 말한다. 아담의 타락 후의 인류 정신의 불완전함을 자유 학예가, 공학적 학문이 신체의 불완전함을 보완한다. 이 견해는 11~12세기에 비잔틴에서 살았던 니카이아의 에우스트라티오스가 쓴 『니코마코스 윤리학 주해』의, 그리스어에서 이제 막 번역된 텍스트에 의거하고 있다.

책의 기예로서 자유 학예

하지만 앞에서 인용한 아르눌푸스가 보여주는 대학의 시대, 13세기보다 이전 중세의 자유 학예를 이해하기 위해서는 또 하나의 어원학적 해석의 전통을 알 필요가 있다. 그것은 자유 학예(아르테스 리베랄레스)의 리베랄리스liberalis라는 말을 '(인간이) 자유로운, 해방되어 있는 리베르liber'이라기보다 '(나무껍질로서의) 책'(리베르liber)과 관련짓는 전통이다. 킴볼 등의 선행 연구(그 밖에 이와무라 기요타岩村清太, 『유럽 중세의 자유 학예와 교육ヨーロッパ中世の自由学芸と教育』, 知泉書館 등)도 언급은 하고 있지만, 그 중요성은 조금 더 강조되어도 좋을 것으로 보인다.

이 용법은 12세기에 이슬람권으로부터 대량의 서적이 번역되기 이전의 서구 중세의 자유 학예 틀에 큰 영향을 미쳤던 카시오도루스의 자유 학예 정의에서 보인다. 5세기 말부터 6세기 말에 걸쳐 살았던 그는 정계를 물러난 후 스스로 개설한 수도원을 위한 교육 프로그램을 『강요』 전 2권에 적는다. 라틴어로 읽어야 할 책의 독서 목록도 제시하면서 그러한 책이 불충분하다고 느낄 때는 근원이 되는 그리스어 문헌으로 거슬러 올라가야 한다는 주의도 덧붙인다. 제1권에서는 성서 해석 방법이, 제2권에서는 이를 위해 필요한 것으로서 배워야만 할 자유 학예 커리큘럼이 제시된다. 왜 자유 학예가 필요한 것인가? 자유 학예의 각 분야가 성서 독해를 위해 어떻게 도움이 되는지는 제2권에서 구체적으로 적고 있지만, 제1권의 서문에서도 본래 세속의 학문이 가르치는 글의 구획 방식(구두점법. 현재의 것과는 다르다)을 모르면 이미 그것이 베풀어진 책 이외의 것을 읽을 수 없으며, 성서 독해에 필요한 책조차 읽을 수 없게 되는 이유를 제시한다. 그것을 이어받아 제2권에서는 다음과 같이 적고 있다.

이 권에서 우리는 무엇보다도 우선 문법학에 대해 먼저 말해야만 한다. 왜냐하면 문법학은 자유 학예의 기점이자 기반이기 때문이다. 그런데 [자유 학예, liberales litterae라는 말에 포함된] '책, liber'라는 말은 '자유로운[분리된]', 즉 '나무에서 벗겨져 분리된 나무껍질'

에서 유래한다. 파피루스가 발견되기 이전, 고대 사람들은 시문을 이 나무껍질에 적고 있었다. 그런 까닭에 짧은 책을 만들 수도 있다면, 길게 계속해 갈 수도 있다. 왜냐하면 나무껍질은 가느다란 가지를 감싸고 있을 수도 있지만 큰 나무를 둘러싸고 있을 수도 있고, 마찬가지로 [다루는] 것들의 성질에 따른 양태를 책에 줄 수 있기 때문이다. (다고 다즈코田子多津子, 『중세사상 원전 집성 5中世思想原典集成 5』에 수록된 것을 문맥에 따라 변경)

오늘날에는 '책'을 의미하는 liber와 '자유(로운)'의 liber에서는 'i'의 장단이 다르며, 다른 유래를 지닌다는 것이 알려져 있다. 그러나 카시오도루스의 설명을 단순히 잘못된 것으로 치부해서는 안 된다. 왜냐하면 이러한 '내용에 따라 모습을 변용시키는 책'(서두의 말라르메의 '책'을 상기하고 싶다), 그러한 책과 어울리는 기예로서의 자유 학예라는 모티브는 이후 대학의 시대에 이르기까지 다음과 같이 변주되어가기 때문이다.

우선 세비야의 이시도루스(560년경~636)이다. 그가 저술한 백과전서적인 저작 『어원 Etymologiae』은 현대의 관점에서 독창성의 부족을 지적하기도 하지만, 그 이전의 다양한 분야의 앎을 집적하고 있으며, 8세기의 알쿠이누스 시대 이후 점차 새롭게 고대의 개별 저작이 다시 읽히게 되기 이전, 카시오도루스, 마르티아누스 카펠라(5세기 전반에 활동)의 『메르쿠리우스와 필롤로기아의 결혼』과 함께 고대의 앎을 집적한 백과전서로서 자주 참조되었다.

그에 따르면, 자유 학예(아르테스 리베랄레스)가

리베랄레스^{liberales}라고 불리는 것은 올바르게 이야기하는 것과 저술하는 것의 이치^{ratio}를 알고서 책^{libros}을 쓸 수 있는 자만이 자유 학예(아르테스 리베랄레스)를 알고 있다[고 말할 수 있기] 때문이다. (『어원』 I, iv, 2)

나아가 시대를 내려가 12세기 전반에 활약한 생-빅토르의 후고의 『디다스칼리콘』. 이것은 사상가 이반 일리치^{Ivan Illich}(1926~2002)가 독서라는 행위의 변용을 기술할 때 주목한 책이기도 하지만(『텍스트의 포도밭에서^{テクストのぶどう畑で}』, 오카베 가요^{岡部佳世} 옮김, 法政大学出版局), 일곱 개의 자유 학예를 배우는 의의가 책과의 관계에서, 제3권 제3장에 다음과 같이 기술되어 있다.

(…) 어떤 사람들은 이 일곱 가지 자유 학예의 학습에 열심히 달라붙어 모든 것을 기억에 확고히 남겼다. 그 결과 어떠한 책과 문서를 손에 들고 어떠한 물음을 던지고 해결하거나 증명하려고 하거나 할 때도 모호한 점을 명확히 하기 위해 다양한 책의 페이지를 넘기고 자유 학예가 제공하는 규칙이나 논거를 찾아내지 않고 그저 정신·cor에 따라서 그러한 규칙이나 논거의 하나하나가 사용될 수 있는 상태로 되었다. (『중세사상 원전 집성. 정선 4^{中世思想原典集}^{成 精選4}』, 이오키베 히로시^{五百旗頭博治}·아라이 요이치^{荒井洋一} 옮김,

平凡社ライブラリーに 수록된 것을 인용자가 일부 수정)

책으로부터의 모종의 독립을 책의 내면화를 통해 이야기하는
이 구절은 한 세기 후에 찾아오는 어려움을 예고하고 있다.
배우는 사람이 늘어나고 배우는 책이 늘어나면, 그 모든 이가
필요한 모든 책(현재보다 훨씬 비싸다)에 접근하여 그것들을
빠짐없이 학습하고 기억에 남기는 것은 어렵다. 대학이 늘어나는
13세기에는 그러한 문제에 대응하는 것으로서 사화집詞華集(플로
릴레기움)이 널리 사용되게 된다. 예를 들어 자클린 아메스
Jacqueline Hamesse의 교정판(1974년)에 의해 알려진 『아리스토텔레
스의 권위 있는 전거집』은 12세기부터 축적된 전거가 되는 책의
주요한 요점을 응축하는 오랜 활동의 성과로서, 아리스토텔레스
를 중심으로 한 다양한 저자들과 주해자들의 견해를 각각 한
문장으로 압축하고 목록으로 정리하고 있다. 중세 대학의 시대
저자가 쓴 책 가운데 예를 들어 아리스토텔레스에게 귀속되고
있지만, 현대에 알려진 그의 저작에서 발견되지 않는 명제의
인용이 있을 때, 이 사화집에서 발견되는 경우도 있다(주해자의
해석과 융합되었다고 하는 경위 때문이다). 이처럼 이 시대의
책은 필요에 따라 그것을 구성하는 문자로 해체되고 변형되고
압축되고 유통되어간다.

2. 문법학과 주해 전통

문법학의 역사를 추적하는 것의 의의

앞 절에서 우리는 고대 말기 또는 중세가 시작되는 시기의
사람들에게 문법학이 성서도 포함한 다양한 책과의 관계에서
다른 학문의 기점이자 기반이라고 여겨져 중시되었음을 확인했다.
그러면 우리에게는 어떠한가? 여기서 조금만 이 시대의 자유
학예의 한 분야인 문법학을 지금 시대에 추적하는 의의를 확인하고
자 한다.

여기서 문법학이라고 불리는 것의 라틴어는 grammatica이며,
이것은 고대 그리스에서 시작된 문자(그람마)의 학(학예, 테크네
/ars)으로서의 문법학에서 유래한다. 거기서 다듬어진 개념은 고대
로마에서 계승되는 가운데 독자적으로 발전한다. 다양한 저작이
쓰이지만, 그 가운데 4세기 로마의 문법가 도나투스(와 그의 주해
서), 6세기에 콘스탄티노폴리스에서 활약한 프리스키아누스의
저작이 중세에는 널리 읽힌다. 다루어지는 주제와 스타일은 다양하
다.

도나투스의 주요 저작은 『소문법학』이라고 불리는 부분과 『대
문법학』이라고 불리는 부분으로 나뉘지만, 전자는 오늘날 서점에
서 볼 수 있는 특정 언어의 활용표 등을 짧게 정리한 설명서와
같은 것으로, 각 품사의 형태, 명사의 격변화와 동사의 활용을

간결하게 보여주며, 암기함으로써 라틴어의 기초를 익힐 수 있다. 실제로 오랫동안 라틴어 학습의 초기 단계에서 사용된 것으로 보인다. 후자는 음성으로부터 음소(문자), 음절, 어휘 항목, 품사로 단계를 추적하고 단문 수준에서의 몇 가지 문제에 이르는 좀 더 긴 기술을 지니는 것이다.

프리스키아누스의 『문법학 강요』는 더욱더 길게 이론적 요소를 많이 포함한다(근간의 연구에서는 『강요』라는 제목보다 『학』 내지 『프리스키아누스의 학』 쪽이 실제로 유통된 제목에 가깝다고 생각되고 있다). 그리스어와의 대비나 용어의 상세한 정의를 포함하는 장대한 것이며, 각 품사를 분석하는 1권부터 16권까지(『대프리스키아누스(내지 대문법학)』)와 구문을 분석하는 17 · 18권(『소프리스키아누스(내지 소문법학)』)으로 나뉜다. 이처럼 대단히 긴 것이기 때문에, 중세 초기에는 같은 저자가 간결하게 쓴 『명사, 대명사와 동사에 관한 강요』가 참조되었다.

이러한 라틴어 문법학이 왜 우리의 세계철학사에 대해서도 중요한 것인가?

프랑스에서의 언어학사 연구를 견인해온 실뱅 오루Sylvain Auroux (1947~)는 문법학화, grammatisation — 언어학에서 말하는 '문법화, grammaticalisation'과는 다른 개념 — 이 서양과 다른 문명의 언어적인(동시에 사회적 · 정치적인) 접촉의 이해에 중요하다고 강조한다. 이것은 그리스로부터 서양 중세 세계가 이어받아 다듬어낸 라틴어 문법학의 틀이 중세부터 르네상스 시기에 걸쳐 현대

유럽에서도 사용되는 언어들(의 조상 — 라틴어에 대해 '속어'라고 불린다)에 적용되고 그것들의 문법 체계가 정리되고 사전이 만들어지며 언어 규범이 고정화되어갈 뿐만 아니라 이른바 대항해 시대에 유럽이 각지에서 만난 언어도 마찬가지로 이 틀에 따라 정리·변형되어가기 때문인바, 다시 말하면 문법학화 되어가기 때문이다. 19세기 이후 크게 변형되면서도 라틴어 문법학에서 유래한 개념은 논리학 전통에서 유래한 개념과 혼합되면서 지금까지도 살아 있으며, 각 언어에 내재하는(내재할지도 모르는) 구조와 합치하는가 하는 것이 문제가 된다(덧붙이자면, 철학자인 베르나르 스티글레르Bernard Stiegler(1952~2020)도 이 '문법학화'라는 개념에 주목하고 있다. 『상징의 빈곤 I. 하이퍼인더스트리얼 시대象徵の貧困 I. ハイパーインダストリアル時代』, 가브리엘 메란베르제Gabriel Mehrenberger·메란베르제마키メランベルジェ眞紀 옮김, 新評論, 2006년).

다만, 라틴 문법학의 전통도 결코 하나의 통반석이 아니라 적어도 도나투스와 프리스키아누스의 저작 사이에 분열이 있었다는 것은 중요하다. 예를 들어 이탈리아의 철학자 조르조 아감벤Giorgio Agamben(1942~)은 이전에 자크 데리다가 제창한 '그라마톨로지'(『그라마톨로지에 대하여』, 원서 1967년)를 서양의 사상이 음성을 중심에 놓음으로써 억압해온 문자(에크리튀르)를 해방하는 시도였다고 요약하고, 그것을 비판하여 데리다가 묘사하는 음성은 언제나 문자화되어버린 음성에 지나지 않았던 것이라고 아리스토텔레스의 『명제론』 서두 부분을 읽는다. 이 부분에는 사물과 인간

에 의한 그 이해, 음성 언어에 의한 표현, 문자 언어의 관계가 기술되어 있지만, 아감벤에 따르면 이러한 서양에서의 기호 이해의 기원에 존재하는 텍스트의 하나에서 이미 음성은 문자에 의해 말소된 것이게 된다. 그리고 문법학자들도 이러한 아리스토텔레스 전통을 이어받아 문자화되지 않는(요컨대 요소들로 구성되지 않는), 즉 분절화되지 않는 불명료한 동물의 음성에 대해 인간의 음성 언어만이 문자화된다(요컨대 요소들로 구성된다)고 이해해 왔다고 말한다(『철학이란 무엇인가哲学とはなにか』, 우에무라 다다오上村忠男 옮김, みすず書房). 하지만 이것은 단적으로 사실에 어긋난다. 도나투스에서 보이는 것과 같은 전통에서는 그러하지만(『대문법학』 I, 1), 프리스키아누스는 문자화되는·되지 않는 축과 의미 표시하는·하지 않는 두 개의 축을 도입하고 있으며, 동물의 음성에도 문자화되는 것이 있다는 것을 인정하기 때문이다(「음성에 대하여」, 『문법학 강요』 I).

단절인가 연속인가 — 섬 문법가들

8세기에서 9세기의 알쿠이누스 시대로 돌아가는 도중에 조금만 그 전의 시대를 살펴보자. 이전에 공백의 시대처럼 그려진 7-8세기, 아일랜드와 잉글랜드에서의 활동을 배경으로 한 섬 문법가라고 불리는 문법가들이 활약한다. 예를 들어 7세기 말 내지 8세기 초에 쓰인 쿠임나누스의 익명 문법가(쿠임나누스라는 인물에게 보내져 있다)에 의한 『라틴어 상세 해설』은 도나투스의 『대문법학』에 대해 현대의 교정판으로 160쪽에 이르는 긴 주해(표현과 의미의 설명과 분석)를 수행하고 있다. 서문에서는 자유 학예가 일찍이 아담이 지니고 있던 모든 학예와 언어와 학문의 앎의 재흥이라는 것 — 앞의 13세기 버전과 비교할 수 있을 것이다 —, 또한 자유 학예의 여러 구분, 그 가운데서의 문법학의 의의가 길게 논의된다. 저자에 따르면 '예지를 구하는 자는 문법학을 두려워해서는 안 된다. 그것 없이는 누구도 교양 있는 자로도 지자로도 될 수 없기 때문이다.' 이러한 문법가들에 의한 주해 전통이 알쿠이누스의 시대를 준비한다.

주해와 저자성 그리고 교정의 어려움

그런데 이 시대의 이러한 주해에는 특유의 어려움이 있다. 주해의 대상이 되는 책의 행간이나 난외에 써넣은 것이 그대로 유사한 형식으로 전체로서 계승되어가는 경우도 있을 뿐만 아니라 복수의 주해 전통으로부터 취사선택·통합되어 새로운 주해가 생성되는 경우나 그것들의 집적이 독립하여 하나의 책 모양을 취하는 경우, 나아가서는 본문에 삽입되고 통합되어버리는 경우 등, 다양한 사례가 있었다. 그로 인해 어떤 저작에 대한 주해로 여겨지는 것의 저자가 특정되기 어렵거나 저자가 어느 정도 특정될 수 있다 하더라도 어디까지가 그 저자에서 유래하는지가 종종 식별하기 어렵다.

이러한 변화하는 텍스트 전통은 주해가 주해서로서 독립한 후인 13세기 대학의 시대로도 이어진다. 특히 자유 학예에 관한 책에 대해서는 난해한 부분이 베껴 쓴 인물의 이해에 따라(또는 자신이 하는 수업을 고려해서) 비교적 자유롭게 고쳐 쓰이는 경우도 있다. 그것은 문제의 텍스트를 당시에 수용하는 모습을 보여주지만, 전통적인 텍스트 교정 수법과는 성격이 맞지 않으며, 큰 폭으로 바뀌 쓰인 경우, 교정판에 수록되지 않을 수도 있다. 전통적인 교정 수법은 유일한 저자에 의한 진정한 단일 텍스트의 재건을 지향하기 때문이다. 이 시대의 텍스트를 우리가 읽을 수 있도록 교정하는 과정에는 이러한 어려움이 도사리고 있다.

알쿠이누스 ─ 권위들을 논거에 기초하여 조화시키다

8세기 후반, 알쿠이누스를 비롯하여 각지의 문인들이 칼 대제 주변에 모여든다. 이른바 카롤링거 르네상스이다. 무슨 일이 일어났던가?

알쿠이누스는 기본적인 틀과 관련해서는 전통에 따라 도나투스의 문법학에 의거하는 대화편 『문법학』을 쓸 때도 아리스토텔레스의 『명제론』에 대한 보에티우스의 첫 번째 주해 등의 논리학적 저작을 이용하여 논리학과 문법학의 정합성을 취하고자 했다는 것이 시미즈 데쓰로淸水哲郞의 연구 등에서 밝혀졌다. 또는 이 시대의 문법학에 대한 연구를 쌓아온 비비안 로Vivien Law가 말하듯이 논리학을 이용하여 문법학을 고도화하려 했다고 표현하는 것이 적절할지도 모른다.

하지만 이러한 권위들을 비교하고 좀 더 적절한 길을 찾는 탐구는 언어학사학자 피에르 스위게르스Pierre Swiggers가 지적하듯이 도나투스와 프리스키아누스 사이에서, 즉 문법학 내부에서도 착수되었다. 이 시대에 그 이전에는 거의 읽히지 않았던 프리스키아누스의 『문법학 강요』가 읽히기 시작한 것은 사본의 급격한 증가가 보여준다. 그 결과 어떻게 되었던가? 알쿠이누스는 『문법학』에서 확실히 도나투스를 비판한다. '우리의 스승인 도나투스는 이러한 점들에 대해 매우 모호하고 짧게 언급했을 뿐이기 때문이다.'(미뉴Jacques Paul Migne 편, 『라틴 교부 전집Patrologiae cursus completus』, 제101권, 882) 다른 한편으로 프리스키아누스가 접속사에 대해 수많은 성질을 열거할 때, 도나투스의 다섯 가지 요소에 대한 간결한 정식화야말로 본질적인 점을 보여주는 까닭에 그쪽이 좋다고 하는 부분도 있다(같은 책, 895). 즉, 그에 의한 프리스키아누스의 재도입은 단순히 도나투스를 프리스키아누스로 치환하는 것이 아니라 손에 넣을 수 있는 여러 권위의 비교와 검토를 통해 보편적인 논거를 형성하는 하나의 사건, 문법학을 포함한 여러 학문의 개량 프로그램 속에서의 사건이었다. 이러한 비판적 통합이 다음 시대를 만든다.

문법학 그 후 — 사변 문법학, 양태론으로

문법학을 다른 학문과 교차시키면서 문법학을 재구축해가는 활동은 이후에도 계속된다. 앞 장의 아벨라르 시대까지는 주로 논리학과의 사이에서, 아리스토텔레스의 다양한 저작이 번역되어 그 사용이 퍼지는 13세기 대학의 시대에는 『분석론 후서』의 학문관이나 자연학과 동물학이 제공하는 개념과의 사이에서 말이다. 이와 같은 교차를 통해 문법학을 기초 짓는 좀 더 원리적인 설명을 탐구하고 다양한 언어의 개별성을 넘어선 보편성을 확보하고자 한다. 이러한 활동들은 개별 언어를 넘어선 보편성에 대한 지향과 그에 의해 보조적·준비적 학문을 벗어난다(벗어났다)는 자부심으로부터 사변 문법학이라고도 불린다(전통적으로 사변으로 번역되었지만, 문맥적으로는 이론 문법학이라고도 해야 한다). 하지만 이러한 움직임에는 라틴어 이외의 언어로 수행된 지적 활동의 산물을 자신들에게서의 지적 활동의 언어인 라틴어로 번역해야만 한다는 사명감과 그것이 정말로 가능할까 하는 염려가 언제나 따라붙고 있었다.

사명감이란 어떠한 것이었던가? 당시 가장 새로운 학문이었던 광학에 대한 저작 등 폭넓은 활동을 수행한 로저 베이컨(1210년대~1292년경)은 1267년 전후에 집필한 『제3저작』에서 다음과 같이 말한다.

여러 언어에 대해 아는 것이 예지에 이르는 첫 번째 문이다. 특히 라틴어 세계에 사는 이들에게는 그러하다. 왜냐하면 라틴어 세계의 거주자들은 신학에 대해서도 철학에 대해서도 다른 언어로 부터 [번역하는 것] 없이는 텍스트를 지니지 못하기 때문이다. 그러므로 모든 사람이 여러 언어를 알아야 하며, 그러한 언어들에 대해 배우고 가르칠 필요가 있는 것이다. (28장)

염려란 어떠한 것이었던가? 예를 들어 사물의 양태(존재의 방식)에서 언어 구조의 기초를 찾아내는 까닭에 양태론 학파라고 불리는 문법학자 가운데 한 사람인 다키아의 보에티우스는 그의 『토피카 문제집』(1270~1280년경)에서 다음과 같이 말하고 있다.

사물과 그 특성(내지 사물의 존재 양태)은 모든 사람 사이에서 마찬가지이다. 그것들은 학예와 학문이 고려하는 방식에 따라 변화하는 것이 아니다. 그러므로 [사물과 그 특성에 기초하는] 논리학도 모든 사람에게서 동일하고 변화하지 않는다. (…) 그렇지 않다면 그리스인의 언어로부터 우리에 의해 [우리가 사용하는 라틴어로] 번역된 논리학은 같은 종류의 것이 아니게 된다. 문법학 에 대해서도 같은 것을 말할 수 있다. (서문)

유럽의 13세기, 대학의 시대에 수행된 지적 활동은 이렇게 선행 하는 문화권으로부터의 학문의 번역 가능성을 사물의 동일성에 근거하는 형태로 확보함으로써 자신의 활동을 기초 짓는다. 그렇지 않으면 자신들이 다른 문화권으로부터 학문을 확실히 계승할 수 있는지 의심스러워진다. 하지만 그 때문에 언어의 보편적인 측면을 강조하는 것은 논리학과의 차이를 말소할 수 있다. 이 문제는 시대를 내려가 유명론자들 사이에서 논쟁이 이루어지게 될 것이다.

대항해 시대 ─ 문법학화 ─ 의 전야에

그야 어쨌든 이리하여 다른 언어에 의해 축적된 문화와 학문을 흡수하고 자신의 활동 안으로 받아들이는 수단으로서도 발전해 간 문법학은 머지않아 유럽 바깥의 문화를 자기의 틀로 번역·재구축하는 세계적인 문법학화의 모체를 제공한다. 실제로 이른바 대항해 시대에 선행하는 13세기 후반, 앞에서 언급한 로저 베이컨은 뤼브룩의 기욤의 여행기에 기초하여 이미 다음과 같이 적고 있었다.

티베트 사람들은 우리와 마찬가지로 쓰고 우리의 것과 유사한 [문자의] 형태를 가지고 있다. 탕구트 사람들은 아라비아 사람들과 마찬가지로 오른쪽에서 왼쪽으로 쓰지만, 위로 뻗어나가는 선이 더 많아진다. 동방의 거란 사람들은 화가가 그림을 그리는 데 사용하는 붓을 사용하여 쓰며, 하나의 형태 안에 여러 구성 요소

[plures literae, 복수의 문자]를 써넣고, 이 구성 요소들[의 총체]이 하나의 말을 표현한다. (『대저작』, 제4부 수록 '지리학'. 덧붙이자면, 호리이케 노부오堀池信夫, 『중국 철학과 유럽의 철학자 상中國哲学とヨーロッパの哲学者 上』, 明治書院에 선진적인 소개가 있다.)

그로부터 300년가량이 지난 17세기 초에 스콜라 철학의 전통을 다시 부흥시키면서 성립한 『코임브라 주해』는 선교사들이 세계 각지에서 얻은 지식을 받아들이면서 중국과 일본에서 사용되는 한자를 음성 없이 의미 작용을 수행하는 수학적 기호에 가까운 것이라고 기술하며, 머지않아 라이프니츠의 한자에 대한 열광에 이른다.

☞ 좀 더 자세히 알기 위한 참고 문헌

*이 장의 내용에 관해서는 일본어 문헌이 아주 적기 때문에 각 절에 대응한 좀 더 상세한 문헌표는 https://researchmap.jp/izumi_sekizawa/wp3/을 참조.

— 베른하르트 비쇼프Bernhard Bischoff, 『사양 사본학西洋寫本学』, 사토 쇼이치佐藤彰一·세토 나오히코瀬戸直彦 옮김, 岩波書店, 2015년. 현대의 열린 과학 흐름을 이해하는 데 인터넷에 대한 이해가 필요하듯이, 서양 중세의 지적 활동을 이해하기 위해서는 당시 책이 어떻게 생산되고 복제되며 유통하고 읽혔는지에 대한 이해가 필요하다. 특히 C의 「문화사 속의 사본」이 참고가 된다.

— 이와무라 기요타岩村清太, 『유럽 중세의 자유 학예와 교육ヨーロッパ中世の自由学芸と教育』, 知泉書館, 2007년. 이 장에서는 간단하게 언급할 수밖에 없었던 개별적인 점들에 대해 『중세사상연구中世思想研究』 제56호(2014년), 제57호(2015년)의 '중세의 자유 학예' 특집(온라인으로 무료 접근할 수 있다)과 아울러 상세한 것을 알 수 있다.

— 알렝 드 리베라Alain de Libera, 『이성과 신앙理性と信仰』, 아베 가즈토시阿部一智 옮김, 新評論, 2013년. 대학의 시대에 자유 학예가 차지하는 위치와 지위에 대해 특히 제4장을 참조.

— 로버트 헨리 로빈스Robert Henry Robins, 『언어학사言語学史』, 나카무라 다모쓰中村完·고토 히토시後藤齊 옮김, 研究社出版, 1992년. 그 후 연구가 진전된 분야도 있지만, 일본어로 읽을 수 있는 포괄적인 언어학의 역사. 덧붙이 자면 이것은 제3판의 번역이다. 원어로는 제4판이 나와 있다.

— 세키자와 이즈미關澤和泉, 「12세기의 문법(학)의 보편성 — 파라비에서

군디살리누스로─二世紀における文法(学)の普遍性 ─ ファーラービーからグンディサリヌスへ」,『중세철학연구中世哲学研究』27, 2008년, 39~60쪽. 이 장에서는 언급하지 못한 12세기의 번역 현장에서의 문법(학)의 보편성 문제를 다룬다(온라인으로 무료 접근할 수 있다).

제6장

이슬람에서의 정통과 이단

기쿠치 다쓰야菊地達也

1. 들어가며

'정통'과 '이단'의 경계선

로마 가톨릭교회로 종교적 권위와 교의의 결정권이 일원화되어 있던 중세 서구 사회와 비교하면, 이슬람권에서의 '정통/이단'의 경계선은 모호하다. 그 가장 큰 이유는 종교상의 권위를 한 몸에 지니는 로마 교황과 같은 존재와 그것을 뒷받침하는 가톨릭교회와 같은 조직이 없다는 것에서 찾아져야 할 것이다. 확실히 시아파 내의 최대 다수파이자 이란, 이라크 등에서 가장 큰 종파 세력이 된 12이맘파에는 법 해석상의 최고 권위인 마르자 알–타클리드(모방의 원천)라는 위계가 있다. 그러나 이 제도가 만들어진 것은

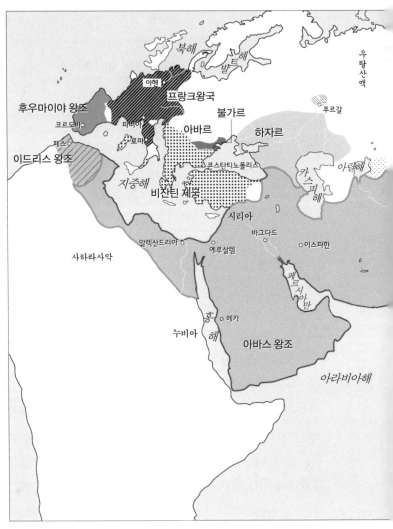

북해

발트해

아해

프랑크왕국

후우마이야 왕조

코르도바

파비아

아바르

불가르

하자르

푸르갈

로마

페스

코스탄티노플리스

카스피해

아랄해

이드리스 왕조

지중해

비잔틴 제붕

시리아

사하라사막

알렉산드리아

예루살렘

바그다드

이스파한

페르시아만

우랄산맥

누비아

홍해

메카

아바스 왕조

아라비아해

이슬람권을 중심으로 한 세계(8세기경)

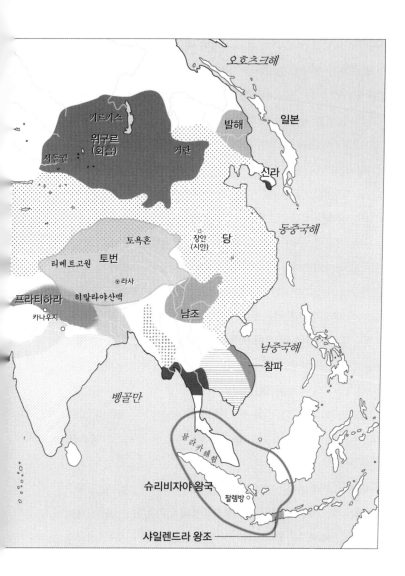

오호츠크해

키르키스
위구르
(회흘)
셔둘궐

발해
거란

일본

신라

동중국해

토욕혼
티베트고원 토번
⊙라사
히말라야산맥

장안
(시안) 당

프라티하라
카나우지

남조

남중국해
참파

벵골만

믈
라
카
해
협

슈리비자야 왕국
팔렘방

샤일렌드라 왕조

19세기로 비교적 새로우며, 같은 시대에 여러 마르자 알-타클리드가 병존하는 것이 정상 상태가 되어왔다. 이란 이슬람 공화국의 성립 근거가 되는 '법학자의 통치' 이론조차 모든 마르자 알-타클리드의 동의를 모으지 못하고 있다.

12이맘 시아파와 같은 법학자의 위계 제도가 없는 수니파에서는 이념상 법학자나 신학자 사이에 서열이 존재하지 않는다. 국가와의 결합을 강화하고 영향력을 행사하는 법학자는 있어도 그 영향력은 국가의 권력을 배경으로 하고 있으며, 반체제파나 국가 권력과의 사이에 거리를 두는 학자가 반드시 그 통제하에 있지는 않다. 기존의 국가와 '이슬람 국가IS'와 같은 이슬람 과격파가 서로 '불신앙자', '배교자' 등으로 욕하고 있는 현대의 혼란스러운 상황에는 이와 같은 배경이 놓여 있으며, 양자를 중재하거나 최종 판정을 들이대는 고위 성직자나 조직이 없는 까닭에 누가 '불신앙자', '배교자'인가 하는 문제에 대해 모두가 인정하는 명확한 결론이 나오는 일은 거의 없다.

종교적 권위를 한 손에 쥔 개인이나 조직이 존재하지 않는 것은 이슬람의 특징 가운데 하나이지만, 이것은 장기간의 우여곡절을 거친 결과이며, 자신들을 '정통'으로 자리매김하고 타자를 '이단'으로 단죄하려는 시도가 없었던 것은 아니다. 현대에도 다수의 개인·조직 사이에 격렬한 승부가 벌어지고 있고, 이슬람 성립 이후 처음 수백 년 동안에는 그 이상으로 격렬한 다툼이 있었다. 그리고 시아파에서도 수니파에서도 기본적 교의가 아직 확정되지 않았던 이 시대에는 '정통/이단'의 경계선은 결코 고정적인 것이 아니라 자신들이 어떠한 상황에 놓여 있는지, 누구를 적으로 상정하고 있는지에 따라 선 긋기는 종종 변경되어왔다.

이스마일파 사상사와 그리스 철학

이 장에서는 12이맘파에 버금가는 시아파 분파인 이스마일파를 취하여 이슬람에서 '정통/이단'의 역동성의 한 예로서 그들의 사상사를 개관하고자 한다. 이스마일파는 시아파 중에서도 '불신앙자', '배교자'로서 비난받는 경우가 많았던 집단이지만, 한때는 정치권력과 종교적 권위를 장악한 개인을 정점으로 받드는 중앙집권적 조직을 수립하고 중동 이슬람권의 대략 절반 정도를 지배하에 둔 적도 있다.

또한 이 장에서 이스마일파의 사상사를 더듬어나갈 때는 그리스 철학이 수행한 의의에 대해 특히 주목하고자 한다. 그것은 중동 이슬람권이 유럽의 그리스도교 지역과 더불어 고대 그리스의 유산을 이어받았으며, 이스마일파는 이븐 시나(1037년 사망)로 대표되는 이슬람 철학과 비교해 아류의 계승자라는 대우를 받아왔지만, 이슬람권에서 그리스 철학의 계승과 발전에 일정한 기여가 있었기 때문이다. 이 장에서는 한 시기의 이스마일파 사상이 고대 그리스 철학의 독자적인 발전 형태였음을 보이고, 그리스에서 유래한 철학이 '정통/이단'의 역동성에 어떻게 관여했는지도 생각해보고자 한다.

2. 이스마일파의 기원

시아파의 성립과 이슬람에서의 '이단'과 '정통'

12이맘파와 이스마일파를 포함한 시아파의 집단으로서의 기원은 정통 칼리프 시대의 종언을 가져온 1차 내란 시기(656~661년)로 소급된다. 이 시기에 예언자 무함마드(632년 사망)의 사촌이자 제4대 정통 칼리프였던 알리(656~661년 재위)를 마지막까지 지지한 정치적 당파 집단이 시아파의 원류였고, 그들은 예언자 사후 이슬람 공동체의 통치권은 알리의 자손에게 계승되어야 했다고 생각하게 되었다. 우마이야 왕조 시기(661~750년)의 그들은 알리의 아들 후사인의 카르발라에서의 순교(680년)를 거쳐 종교 종파로 되고, 알리의 자손을 이슬람 공동체의 정치와 종교 양면에 걸친 절대적인 지도자로 삼는 이맘(지도자)론, 특정 이맘이 가이바(은폐, 신도들 앞에서 모습을 감추는 것) 후에 구세주로서 재림한다는 마흐디(구세주)론과 같은 특징적인 교의를 제창하게 되었다.

이슬람에서 우선 교의를 정비하고 공동체를 형성한 것은 시아파 등의 소수 종파이며, 적어도 8세기 단계에서는 수니파라고 말할 수 있는 집단은 존재하지 않는다. 거기에 있었던 것은 시아파 등이 주장하는 교설에 대해서는 일정한 거리를 두지만, 종교와 정치에 대해서는 다양한 견해를 포섭하고 그 밖에 대세를 이루는 다수파뿐이었다. 9세기 후반의 법학파 확립, 10세기의 시아파 대두에 대한 대항, 11세기에 수립된 학원에서의 '정통' 학설의 가르침 등 몇 가지 획기적인 일이 있었지만, 수니파의 성립에 관해서는 대략 300년의 자기 형성 기간에 수니파로서의 종파 의식과 그에 걸맞은 독자적인 교의가 단계적으로 생겨났다는 정도밖에 말할 수 없다. 수니파의 자기 형성 과정에서는 시아파와 같은 외부 종파나 자기 집단 내의 경합 세력의 주장을 '이단'으로 분절화함으로써 그 반대 형상이 되는 자신의 '정통' 교의가 규정되어갔다. 이러한 과정은 시아파에서도 마찬가지이다.

이스마일파의 성립

이미 언급한 12이맘파와 이스마일파 이외에도 다양한 집단이 시아파에 속한다. 이 집단들은 더 나아가 내부에서 분파를 형성해가는 까닭에, 시아파 계열 분파로서 인정되는 집단의 수는 방대하지만, 교의보다는 오히려 이맘 지위의 계승을 둘러싸고 집단이 갈라져 가는 경우가 많다. 수많은 시아파 계열 분파를 내다보면 12이맘파와 이스마일파는 계통적으로나 교의적으로 대단히 가까운 관계에 있음을 알 수 있다.

두 파의 기원은 알리와 예언자의 딸 파티마(633년 사망) 사이에 생긴 아들 후사인의 자손인 무함마드 바킬(732년에서 743년 사이에 사망), 자파르 사디크(765년 사망)를 이맘으로 지지한 집단(이른바 이맘파)에 있다. 그들은 다른 시아파 집단처럼 우마이야 왕조나 아바스 왕조에 대한 무장투쟁에 대해서는 적극적이지 않으며, 이맘이 가이바 상태에 들어가고 그 후 재림하여 마흐디(카임)로서 자신들을 구해준다는 메시아론을 신봉했다. 이와 같은 구세주론은 다른 시아파 집단에도 있지만, 바킬 등을 지지한 시아파 집단의 특징은 그들의 이맘론에서 발견된다. 그들에게 이맘의 지위는 알리와 그의 아들 후사인의 피를 이어받는 직계 남성에 한정되며, 아버지가 아들을 지명하는 절차에 의해서만 그 지위가 계승된다.

더 나아가 이맘은 잘못을 저지르지 않는 무오류의 존재로 여겨진다. 일반적으로 무함마드는 신으로부터 계시를 받은 예언자임과 동시에 (적어도 종교에 관한 사항에 대해서는) 무오류라고 믿어진다. 이맘에게는 무함마드처럼 계시가 내리지는 않지만, 계시의 해석자, 종교상의 권위자로서는 무함마드와 동등하다. 우마이야 왕조나 아바스 왕조의 칼리프는 물론 선대 이맘으로부터 지명을 받은 것이 아니며, 알리가의 피도 잇지 않았다. 그 지식과 판단력은 예언자와 동등한 이맘으로부터 보면 평신도와 마찬가지일 것이다. 역대 칼리프는 이맘이 본래 맡아야 했던 공동체의 통치자 지위를 빼앗은 탈취자이며, 그 체제는 장차 구세주가 재림할 때 타도된다.

765년의 자파르 사디크의 죽음은 그의 지지자 집단에 큰 혼란을 낳았다. 자파르에게는 여러 아들이 있었지만, 그 아들 각각의 이맘 지위 계승을 주장하는 분파 집단이 생겨났을 뿐만 아니라 사디크의 죽음을 부인하고 가이바 후에 구세주로서 재림한다고 주장하는 분파까지 탄생했다. 이때 사디크의 생전에 이맘 지위는 이스마일(762년 사망)에게로 옮겨졌고, 나아가 그 아들 무함마드 이븐 이스마일(사망한 해는 불명)에 의해 계승되었다고 주장하는 집단이 이스마일파의 원류이다. 한편 이스마일의 동생 무사(799년 사망)에 의한 계승을 주장한 집단이 12이맘파의 기원이 되었다.

3. 극단파와 창세 신화

이스마일파와 극단파

이스마일파와 12이맘파 각각의 원류가 8세기 후반에 발단되었다는 것은 틀림없다고 하더라도, 그 후의 1세기가량의 역사에 대해 자세한 것은 알지 못한다. 10세기가 되자 두 파 모두 비약의 때를 맞이한다. 이스마일파는 튀니지에 파티마 왕조를 수립하며 (909년), 이 왕조는 머지않아 서방 이슬람 세계의 패자가 되었다. 다른 한편의 12이맘파와 관련해서는, 이 파를 신봉하는 브와이프 왕조가 946년에 아바스 왕조의 제국 수도 바그다드를 제압하고 이 왕조 칼리프를 괴뢰로 만들자 바그다드를 중심으로 12이맘파 고유의 학문이 융성하고 종파 독자적인 문화가 개화했다. 정치적으로 크게 약진한 10세기에는 두 파의 신도들이 많은 저작물을 엮어내고 그 작품들이 적극적으로 쓰여 남겨졌기 때문에, 당시의 사상 문화에 대해서는 비교적 많은 정보가 있다. 그러나 두 파가 정치적, 사회적으로 소외되는 일이 많았던 9세기에 관해서는 저작의 숫자가 적고 현존하는 것도 적다. 특히 이스마일파의 경우에는 9세기 후반부터 각지에서 타도 아바스 왕조를 목표로 하는 비밀 지하 활동을 전개하고 있었다는 것과 종래의 교의에 반하는 형태로 파티마 왕조가 수립된 것이 원인이 되어 9세기에 쓰인 저작에서 현존하는 것은 거의 없다.

이와 같은 자료상의 문제가 있는 까닭에 9세기의 이스마일파, 12이맘파에 대해 이야기할 때 10세기 이후에 쓰인 두 파의 문헌이나 9세기의 다른 파의 자료가 참조되는 경우가 많다. 그것은 결국 10세기의 두 파의 가치관이나 동시대의 다른 파들이 가진 편견과 잘못된 정보가 기술에 반영될 가능성이 크다는 것이다. 근간에 브와이프 왕조 이전의 12이맘파 사상의 자리매김을 둘러싸고 논쟁이 벌어지고 있지만, 이스마일파에 대해서도 똑같은 재평가 작업이 요구될 가능성이 있다고 할 수 있다.

이처럼 정보의 정확성에 대해서는 주의가 필요하긴 하지만, 9세기 이전의 이스마일파는 '극단파'(굴라트)에 가까운 집단으로 기술되는 경우가 많다. 극단파란 적절한 한도를 넘어선 자들이라는 의미이며, 8세기 이후 이라크의 쿠파를 중심으로 전개된 과격 시아파를 가리키는 제3인칭이다. 이맘의 신격화, 예언자나 이맘에

게서의 신령의 윤회, 이맘의 가이바와 재림, 이맘의 무오류성, 이슬람법의 폐기 등이 그들의 특징적인 교의로 여겨진다(기쿠치 다쓰야菊地達也, 『이슬람교 — '이단'과 '정통'의 사상사イスラ—ム敎— '異端'と'正統'の思想史』, 講談社, 113~126쪽 참조). 여기서 주의해야만 하는 것은 이스마일파와 12이맘파도 이맘의 가이바/재림 및 무오 류성에 대해서는 중심적인 교의로서 받아들인다는 점이다. 요컨대 극단파의 종교 사상은 9세기 이전의 시아파 종교 문화에 잇닿아 있는 것이었거나 그 일부였을 가능성이 크다는 것이다. 10세기 이후에 다른 파와 자파 내의 극단파를 부정함으로써 자기 정통화를 꾀한 이스마일파와 12이맘파에게는 극단파와의 경계선을 다시 설정하는 것이 최초로 이루어져야 할 중요 과제였다.

이스마일파의 원류 사상이란 무엇인가?

이스마일파는 주기적인 역사관으로 알려졌지만, 9세기의 단계 에서 이미 이와 같은 역사관은 존재했던 것으로 보인다. 그에 따르면, 인류 역사는 일곱 개의 주기로 구성되는데, 과거의 주기는 고지자(대예언자)인 아담, 노아, 아브라함, 모세, 예수, 무함마드에 의해 각각 개시되었으며, 고지자의 후계자인 기초자(위탁자), 기초 자의 뒤를 이어받는 일곱 사람의 이맘의 시대가 이어진다. 일곱 번째의 이맘은 카임(종말론의 맥락에서는 구세주를 뜻한다)이라 고 불리며, 현재의 법을 폐기하고 새로운 주기의 고지자가 되며,

새로운 계시를 내려받고 그에 기초한 법을 시행하게 된다.

무함마드 주기의 경우, 기초자는 알리이며 그 후손이 역대 이맘이 되는데, 제7대 이맘에 해당하는 것은 자파르 사디크의 손자 무함마드 이븐 이스마일이다. 실제의 무함마드 이븐 이스마일은 8세기 후반, 늦어도 9세기 전반에는 사망했을 것이다. 그러나 9세기 이스마일파는 그가 아바스 왕조에 의한 추적을 피하기 위해 숨어 있을 뿐이며, 얼마 후에 카임으로서 재림하여 여섯 번째 주기의 고지자 무함마드가 시행한 이슬람법을 폐기한다고 주장했던 것으로 보인다. 무함마드 이븐 이스마일이 새로운 법을 가져올 것인가 하는 문제에 대해 어떠한 논의가 있었는지는 확실하지 않지만, 새로운 법은 주어지지 않으며, 법을 필요로 하지 않고 진실이 뚜렷이 모습을 드러낸 상태, 다시 말하면 인류사의 완성태가 성취될 것으로 생각했을 가능성이 크다. 법의 폐기라는 요소에서 9세기의 이스마일파는 10세기의 같은 파보다 좀 더 극단파적이라고 말할 수 있을 것이다.

9세기 후반, 무함마드 이븐 이스마일의 대리인을 자칭하는 이스마일파 운동의 지도자들은 아바스 왕조에 의한 지배를 전복시키기 위해 남아시아에서 북아프리카에 걸친 광대한 지역에서 선교 활동을 전개했다. 그의 카임으로서의 재림과 그에 의한 이상향의 실현을 주창하는 이 운동은 단순한 정치적 반체제 운동이 아니라 메시아주의에 기초한 종교 운동이기도 했다.

이스마일파와 '신화'

10세기에 신플라톤주의 철학이 대대적으로 도입되기 이전의 이스마일파 우주론에 관해서는 명확하지 않은 점이 많다. 9세기의 우주론을 상세히 보여주는 문헌은 현존하지 않지만, 10세기 후반에 집필된 것이긴 하지만, 철학이 도입되기 전에 쓰인 서한을 근거로 하여 본래의 이스마일파 우주론은 종종 '신화'라는 말로 표현되어 왔다. 이 신화적 우주론이 얼마나 널리 퍼져 있었고 어느 정도 오랜 시대까지 소급될 수 있는지는 분명하지 않지만, 여기서 간단히 소개해두고자 한다(기쿠치 다쓰야菊地達也, 『이스마일파의 신화와 철학 — 이슬람 소수파의 사상사적 연구イスマーイール派の神話と哲学 ―イスラーム少數派の思想史的硏究』, 岩波書店, 78~82쪽 참조).

파티마 왕조 제4대 칼리프인 무이즈(953~975년 재위)를 섬긴 아부 이사 무르시드(사망한 해는 알지 못한다)의 서한에 따르면, 원초에 불가지의 신이 빛을 창조하자 빛은 자신이 창조자인지 피조물인지 알지 못한 채 한순간 멈춰 섰다고 한다. 그러자 신은 빛에 영을 불어넣고 '있어라^{kun}'라고 소리 질렀다. 그때 빛은 kun이라는 말을 구성하는 아라비아 문자 카프^{k}와 눈^{n}을, 이어서 와우^{w}와 야^{y}를 부여받고 쿠니^{kuni}로서 생성하게 되었다. 쿠니는 신의 명령을 받아 자신의 보조자로서 카다르^{qadar}를 창조하고, 쿠니와 카다르는 자신들의 이름을 구성하고 일곱 개의 자음^{KWNYQDR}을 보여주는 아라비아 문자를 조합함으로써 천상적 존재자를 만들기 시작했다고 한다.

쿠니와 카다르라는 말은 성서 꾸란에서 유래하지만, 한 쌍의 대리 창조자가 문자 결합으로써 세계를 만들어낸다는 이야기는 꾸란에서의 창조론과는 완전히 이질적이며, 어디서 유래하는 발상인지 정확히 더듬어나가기는 가능하지 않다. 비교적 있을 수 있는 것은 아부 이사가 전하는 신화적 우주론이 이라크의 쿠파 또는 크테시폰의 극단파에서 전해져온 창세 신화의 잔재였을 가능성이다.

중앙아시아의 이스마일파 공동체에서 전해져온 『꾸란의 어머니』라는 텍스트는 여러 차례 가필과 수정이 반복되어왔지만, 그 고층古層은 8세기까지 거슬러 올라갈 가능성이 있으며, 유대교, 그리스도교, 조로아스터교로부터의 개종자의 세계관과 쿠파 등의 시아파 극단파의 사상이 뒤섞여 있다고 평가되어왔다. 『꾸란의 어머니』에 따르면, 유대교 전통에서 그 이름이 유래하는 천사 아자질(별명 이블리스)은 신에게서 부여받은 빛을 통한 자기의 창조 행위로 인해 과신과 오만에 빠져 신에게 반역한다. 이 반역이 우주 창조의 계기가 되며, 창조된 제1천에 가려져 피조물은 신을 볼 수 없게 되고, 빛이라는 형태로 존재하고 있던 천상의 존재자들은 벌로서 물질세계에 떨어진다. 그리고 육체 안에 갇혀서 용서를 받을 때까지 육체를 바꾸어 타는 윤회를 견뎌야만 한다고 한다. 다른 한편 아자질 다음으로 창조된 살만은 신에게 충실하며, 아자질에 대한 징벌자로서 행동하고, 육체 안에 갇힌 영혼에 대해서는 구제자가 된다. 이러한 살만은 무함마드의 교우인 페르시아인이자 크테시폰의 수호 성자가 된 살만(655/6년 사망)으로 확인된다.

『꾸란의 어머니』의 창세 신화와 유사한 신화는 알에 하크, 야지드교와 같은 중동 각지의 소수파 종교에서도 보이며, 그중에서도 알라위파(누사이리파, 현대 시리아의 지배 세력)는 그 신화를 가장 충실하게 계승하고 있다. 그렇지만 『꾸란의 어머니』 성립 배경에 관해서는 분명하지 않은 점이 많으며, 알라위파 등의 여러 파와 여러 종교에 대한 직접적인 영향 관계도 입증되지 않았다. 이스마일파와의 관계와 관련해서도 마찬가지인데, 살만이 수행하는 주요한 역할, 징벌로서의 윤회와 같은 요소는 기본적으로 이 파의 사상에서는 보이지 않는다.

하지만 원초에 첫 번째 존재자와 두 번째 존재자가 나타나는 것, 첫 번째 존재자의 감정과 그 움직임이 우주 창조의 계기가 되는 것 등에서는 비슷함이 발견된다. 『꾸란의 어머니』에서는 아자질의 별명이라고 하는 이블리스(그리스어 디아볼로스에서 유래, 꾸란에서는 아담에 대한 절을 거부한 천상적 존재)가 아부 이사 서한에서는 스스로를 과신하고 상위에 있는 존재자인 카다르의 우월성을 부정하는 점도 『꾸란의 어머니』인 아자질과 서로 통한다고 할 수 있다. 아부 이사의 서한에는 『꾸란의 어머니』 창세 신화에 대응하지 않는 요소도 많지만, 신플라톤주의 철학 도입 이후의 이스마일파 사상에서는 오히려 대응하는 요소가 늘어난다.

4. 10~11세기의 교의 수정

페르시아학파

10세기 전반에 이란 동부의 이스마일파에서 '페르시아학파'라고 불리는 집단이 나타나 그리스 철학을 자파 사상 속으로 받아들여 갔다. 그들의 일부가 신플라톤주의의 창시자 플로티노스(270년 사망)의 『엔네아데스』 장대판 번역에 관여했을 가능성이 크며, 신으로부터의 유출이 아니라 창조에 의해 보편 지성이 탄생한다는 것, 그 창조는 '있어라'라는 명령으로 확인된다는 점에서, 이 책의 기술은 그대로 페르시아학파의 교의가 되었다. 이와 같은 기술은 플로티노스적인 유출론과 '우리(신)가 무언가를 원할 때는 이것에 "있어라"라고 말하기만 하면 곧바로 그대로 된다'(16장 40절)라는 꾸란적인 창조론 사이에 다리를 놓은 것이다.

페르시아학파의 대표적 사상가 시지스타니(971년 이후 사망)는 '있어라'라는 명령에 의해 창조된 첫 번째 존재자를 보편 지성이라고 불렀다. 무에서 유가 생기는 창조는 이 한 번에 한정되며, 그 후에는 유에서 유가 생겨나는 유출이 전개된다. 보편 지성에서 유출된 두 번째 존재자는 보편 영혼이다. 이 보편 영혼에 대해 시지스타니는 '[보편] 영혼은 그 불완전성 때문에 자연 아래에 있는 욕망과 기쁨을 구하고, 스스로의 세계, 기쁨, 아름다움, 광휘를 망각하지만, 다시 '이 세계(보편 지성이 있는 천상계)와 결합할 것을 구한다'라고 말한다. 두 번째 존재자로서 천상의 빛의 세계의 거주자였던 보편 영혼은 어둡고 더러우며 흐린 자연계에 매료되어 전락하고, 원초의 빛남을 잊어버린다. 보편 영혼이 이윽고 본래의 세계로 귀환하기를 바랄 때, 중요한 역할을 담당하는 것이 인간의 영혼이다. 인간의 영혼은 천상의 빛의 세계에서 유래하여 보편 영혼 일부를 이루고 있으며, 인간 영혼이 물질세계의 속박으로부터 풀려나 영적으로 상승할 때, 보편 영혼도 본래의 세계를 향해 상승한다.

여기서 시지스타니는 보편 영혼의 전락 이야기를 이스마일파의 선교 조직론과 직결시킨다. 선교 조직이란 예언자나 이맘(또는 그 대리인)의 산하에 있으면서 이 파의 선교와 신도의 교육을 담당하는 조직인데, 파티마 왕조 수립 이전에는 체제 타도를 목표로 하는 정치 조직이기도 했다. 시지스타니에 따르면, 인간 영혼의 영적 상승을 가져올 수 있는 것은 이맘과 같은 무오류 인간의 가르침을 계승하고 전달하는 유일한 조직인 이스마일파 선교 조직밖에 없다. 인류사를 구성하는 일곱 개의 주기 가운데 하나가 완료되면, 보편 영혼은 위계를 하나 상승시키고, 예언자 무함마드의 주기가 끝나고 카임이 재림할 때, 보편 영혼은 본래의 위계로 복귀한다. 시지스타니는 보편 지성을 쿠니, 보편 영혼을 카다르와 동일시하고 있지만, 주기가 하나 완료될 때마다 쿠니와 카다르를 형성하는 일곱 개의 아라비아 문자 가운데 하나가 지상으로 가져와 진다고도 말한다. 카임의 재림은 인류사의 완성일 뿐만 아니라 우주 창세의 목적이 성취될 때도 의미한다(이상, 기쿠치 다쓰야, 『이스마일파의 신화와 철학』, 83~96쪽 참조).

시지스타니는 종래의 신화적 교리에 있던 쿠나나 카다르 같은 용어와 동일한 것으로 확인하면서도 우주 창세론에서 사용하는 용어를 신플라톤주의의 것으로 바꾸어 놓았다. 어휘나 기술 스타일 등에서는 두드러지게 그리스 철학화했다고도 말할 수 있지만, 아부 이사의 서한에서는 반드시 명확하지는 않았던 인간 영혼의 기원, 선교 조직의 우주적 사명, 우주의 창세와 완성의 의미 등이 설명됨으로써 『꾸란의 어머니』에서 볼 수 있던 우주 창조론과의 유사성은 오히려 증가했다.

파티마 왕조 하에서의 교의 수정

무이즈(953~975년 재위) 치세 아래에서의 파티마 왕조는 969년에 이집트를 정복하고 시리아에서 모로코에 이르는 광대한 판도를 지배했다. 현세적인 성공 반면에 이 왕조의 지배자인 이맘–칼리프는 신민 대부분이 수니파이기 때문에 교의의 과격성을 완화하는 한편, 종래의 교리와의 어긋남을 설명하는 난제에 직면해 있었다. 왕조 수립 이전에 메시아주의 운동을 전개했던 이스마일파 가운데는 구세주 재림에 의한 이슬람법의 폐기를 강조한다든지 법의 비교적秘教的 측면을 중시하는 한편, 법의 문자 그대로의 시행을 경시하는 사람도 있었던 듯하다. 이맘-칼리프의 명령을 받은 이 파의 사상가들은 비교적 측면의 편중을 경계하고 이슬람법의 이행을 신도에게 요구했다. 수니파 신민에게 이스마일파의 신앙이나 법이 강제되지도 않았다. 또한 무이즈 시대에는 그를 이맘이 아니라 신으로 숭배하는 사람들도 나타났지만, 그들의 주장도 명확히 부정되었다. 법의 폐기나 이맘의 신격화를 추구하는 자에게는 극단파라는 딱지가 붙여지고 '이단'으로서 취급되었다.

이맘론이나 메시아론과 관련해서는 파티마 왕조의 이맘-칼리프의 정통성에 직결되는 문제이기 때문에 대응이 좀 더 어렵다. 메시아주의 운동 시대에는 무함마드 이븐 이스마일이 구세주이어야 했음에도 불구하고, 그 후손인 파티마 왕조 이맘의 국가 통치가 계속되고, 아무리 기다려도 메시아 재림이 일어나지 않았기 때문이다. 철학적 관점에서 이 문제를 다룬 것이 제6대 이맘-칼리프 하킴(996~1021년 재위)의 치세하에서 활약한 키르마니(1020년 이후 사망)였다.

키르마니는 시지스타니와 마찬가지로 페르시아학파에 속했지만, 『엔네아데스』의 틀은 채택하지 않았으며, 최초의 본격적인 이슬람 철학자인 파라비(950년 사망)의 우주론과 지성론을 받아들였다. '있어라'라는 명령과 동일시되는 창조 행위에 의해 첫 번째 지성(보편 지성)이 탄생하고 그 후에 유출이 일어난다는 점에서 키르마니의 우주론은 시지스타니와 그다지 다르지 않다. 그러나 보편 영혼처럼 유혹에 사로잡혀 전락하고 후회하는 의인적인 존재자가 나타나는 것은 아니다. 파라비를 따른 키르마니의 우주론에서는 첫 번째 지성으로부터 열 번째 지성(능동 지성)에 이르는 열 개의 비질료적인 지성이 프톨레마이오스(168년경 사망)에서 유래하고 당시의 천문학에서 상정되고 있던 열 개의 천구, 나아가서는 예언자나 이맘을 정점으로 하는 이스마일파 선교 조직의 열 개의 위계에 정연하게 조응한다. 전락에서 복귀에 이르는 극적이고 동적인 드라마는 거기에 없다. 키르마니의 우주론은 오히려 파티마 왕조 이맘–칼리프의 지배 체제의 정통성과 정적인 질서를 보증하는 이데올로기로서 작용하는 것이다(기쿠치 다쓰야, 『이스마일파의 신화와 철학』, 155~197쪽 참조).

키르마니 이전부터 파티마 왕조에서는 무함마드 이븐 이스마일을 종말의 선구로서 인정하면서도 그 후손인 파티마 왕조 이맘의 통치를 거쳐 최종적으로는 종말이 성취될 것이라는 설명이 이루어지고 있었다. 무함마드 이븐 이스마일 개인에게 맡겨져 있던 메시아로서의 역할이 그 이후의 역대 이맘에게 나누어진 것이다. 그러나 일곱 번째 이맘이 카임이 되고 주기를 끝낸다고 하는 종래의 교의는 파탄되었다. 이 문제에 대해 키르마니는 무함마드의 여섯 번째 주기만은 일곱 번째 이맘 이후에도 이맘의 지위가 계승되며, 7×N번째의 이맘이 여섯 번째 주기를 끝낸다고 설명한다. 키르마니는 있는 힘을 다해 종래의 교의와의 연속성을 유지하면서도 종말의 도래를 먼 미래(당시의 이맘, 하킴은 열여섯 번째에 해당하는 까닭에 가장 짧게는 5대 앞)로 미룬 것이다.

앞에서 이야기했듯이 10세기 이후의 파티마 왕조에서는 무오류의 존재로서 정치권력과 종교적 권위를 한 손에 거머쥔 이맘의 이름 아래 이스마일파 교의 안에서의 '정통/이단'의 선 긋기가 변경되었다. 왕조 수립 이전의 메시아주의 운동 시대에는 극단파적인 교의가 내포되어 있었지만, 이슬람법의 폐기나 이행의 경시 또는 이맘의 신격화는 명확히 '이단'으로 인정되었다. 우주론에서는 아부 이사 서한에 있던 것과 같은 신화적 우주론은 부정되지 않긴 하지만 배경으로 물러나며, 교의의 철학화가 꾀해졌다. 철학적이긴 하지만 동시에 신화적이기도 하고 메시아주의를 정통한 것으로 만드는 시지스타니의 교의와 관련해서는 신화적 드라마의 요소를 제거하고 정적인 질서를 강조하는 우주론으로의 수정이 도모되었다.

5. 나가며

이스마일파에서의 '철학'과 '신화'

10세기 이전의 이슬람 사상들에서는 상황과 논적에 맞추어 '정통/이단'의 선 긋기가 종종 변경되어왔다. 이스마일파에서는 극단파와의 경계선이 모호했던 9세기 이전과는 달리, 10세기에는 극단파라는 단서가 붙여져 부정되는 교리도 있었고, 가이바와 재림의 교리처럼 극단파와도 공통되지만 '정통'한 교의로서 받아들여지는 것도 있었으며, 나아가 시지스타니의 철학적 우주론처럼 극단파로서 배제되는 것은 아니지만, 수정이 이루어지는 것도 있었다. 이슬람권 내의 다른 집단과 비교하여 이 시대의 이 파가 특이한 것은 '정통/이단'을 결정할 수 있는 개인으로서의 이맘이 있었다는 점이다. 상세한 분석이나 글쓰기를 수행하는 것은 사상가 개인이라 하더라도, '정통/이단'은 이맘의 이름 아래 일의적으로 결정되었다. 그러나 1171년에 파티마 왕조가 살라후딘(1169~1193년 재위)에 의해 파멸되고, 1256년에 이란의 이스마일파 거점이 몽골 군대에 의해 공략당하자 이 시스템은 붕괴하여 근현대에 이르기까지 부활하지 못했다.

　마지막으로 10세기 이후의 이스마일파 사상에서의 철학의 의미에 대해 조금 생각해보고자 한다. 오랫동안 연구자들은 이전에 존재했던 '신화'적 교의가 '철학'적 교의로 대체되고, 파티마 왕조 이후에는 예멘에서 다시 '신화'화되었다고 생각해왔다. 거기에는 이스마일파에게 있어 중심적인 교의는 어디까지나 이맘론 등이며, 상황에 따라 그것을 강화하고 정통한 것으로 만드는 담론이 도구로서 채택되어왔다는 전제가 놓여 있다. 실제로 1256년 이후의 이스마일파는 시대와 상황에 맞추어 수피즘과 힌두교 사상을 받아들였으며, 현대에 들어서면 '개발 담론'이 채택되었다(네지마 스스무子島進, 『이슬람과 개발 — 카라코람에서의 이스마일파의 변용イスラー

ムと開發——カラーコラムにおけるイスマーイール派の變容』, ナカニシヤ書店을 참조).

　그렇다면 그리스 철학은 단순한 벗어 던져진 옷이었을까? 대답은 그렇게 간단하지 않다. 확실히 키르마니 이후 철학적 기술은 감소해가지만, 시지스타니와 키르마니가 받아들인 철학적 용어는 그 후에도 계속해서 사용된다. 예를 들어 12세기의 예멘에서 부활한 신화적 교리에서는 보편 영혼/능동 지성이 의인적인 행동을 보여주는 한편, 아무래도 철학적인 분석적 논의는 적다. 고대 그리스 철학이나 이슬람 철학의 기준에서 이와 같은 사상을 '철학'이라고 부르기는 불가능할 것이다. 그러나 애초에 당시의 이스마일파가 오늘날의 의미에서 '신화'나 '철학'이라는 단어를 사용한 것은 아니다. 관점을 바꾸면, 다시 신화화하더라도 철학적 어휘나 표현이 계속해서 사용된다는 것은 그들이 그리스에서 유래한 철학을 자기의 뼈와 살로 삼았다고도 말할 수 있는 것이 아닐까? 이슬람 세계에서는 그리스 철학의 본류가 이븐 시나를 이어받는 철학자들 사이에서 계속해서 지켜지는 한편, 형태를 바꾸면서도 신비 철학, 신학 그리고 이스마일파 사상 속에서 철학은 계속 살아가는 것이다.

☞ 좀 더 자세히 알기 위한 참고 문헌

— 기쿠치 다쓰야菊地達也, 『이스마일파의 신화와 철학 — 이슬람 소수파의
  사상사적 연구イスマーイール派の神話と哲学 — イスラーム少數派の思想史的研究』, 岩波
  書店, 2005년. 신화와 철학이라는 관점에서 파티마 왕조 시기의 이스마일
  파 사상을 분석한 연구서.
— 기쿠치 다쓰야菊地達也, 『이슬람교 — '이단'과 '정통'의 사상사イスラーム敎
  — '異端'と'正統'の思想史』, 講談社選書メチエ, 2009년. 시아파의 관점에서 초기
  이슬람 사상사를 서술한 일반서.
— 히라노 다카히로平野貴大, 「소–가이바 시기 이맘파에서의 '극단파' 인식
  — 사파르 쿰미에 의한 극단파 비판의 분석을 통해小ガイバ期のイマーム派におけ
  る'極端派'認識 — サッファール・クンミーによる極端派批判の分析を通じて」, 『이슬람 세
  계イスラム世界』 90호, 2018년, 1~27쪽. 초기 12이맘파(이맘파)와 극단파의
  관계에 대해 고찰한 연구 논문.
— 마쓰야마 요헤이松山洋平, 『이슬람 신학イスラーム神学』, 作品社, 2016년. 주로
  수니파 내의 이슬람 신학의 전체상을 다양한 관점에서 소개하는 입문서.

제7장

그리스 철학의 전통과 계승

스토 다키周藤多紀

1. 주해서라는 스타일

들어가며 — 서양 중세 철학과 '주해'

서양 중세의 사상가들은 다양한 책에 대해 주해함으로써 사유를 심화시켜갔다. 그 책의 첫 번째가 성서이다. 중세 철학 연구의 태두 에티엔느 질송Etienne Gilson(1884~1978)에 따르면, 서양 중세의 주요한 사상가들은 구약성서 「출애굽기」(3:14)의 신의 말인 '나는 있는 자다'에 대한 해석을 통해 그리스 철학의 것과는 결정적으로 다른, '존재'를 핵심으로 한 형이상학 체계를 구축했다. 성서 주해나 성서의 한 구절에 기초한 설교는 말할 것도 없고, 철학·신학적 문제에 대한 논고나 서한도 성서 해석을 포함하는 경우가 많다.

서양 중세 철학의 주요한 작품 대부분이 모종의 주해를 포함한다고 말할 수 있을지도 모른다. 그러나 이 장에서는 특정한 책의 해설을 의도하여 쓰인 책, 말하자면 '책에 관한 책'인 '주해서'에 한정하여 그 스타일을 개관한 다음, 주해서에서의 그리스 철학의 전통과 계승을 고찰하고자 한다.

주해서의 대상이 된 책

서양 중세에서는 그리스도교 신앙의 바탕을 이루는 성서는 말할 것도 없고 모든 책이 주해의 대상이 되었다. 여기서는 그것의 극히 일부를 언급하는 데 그친다.

수많은 주해서의 대상이 된 것은 뭐니 뭐니 해도 각 분야의 권위자가 쓴 작품들이다. 문학이라면 베르길리우스, 문법학이라면 도나투스와 프리스키아누스, 수사학이라면 키케로, 교회법이라면 그라티아누스, 시민법이라면 유스티니아누스의 저작이 주해되었다. 또한 각 분야의 고전적 책뿐만 아니라 동시대의 작품들 — 예를 들어 단테의 『신곡』 — 도 주해의 대상이 되었다.

철학 분야에서 권위가 있었던 것은 그리스 철학의 2대 거인인 플라톤과 아리스토텔레스이지만, 주해서의 대상이 된 것은 주로 아리스토텔레스의 저작이다. 그 요인 가운데 하나는 저작의 번역 상황의 차이에 있다. 아리스토텔레스의 저작에 비해 플라톤 저작의 라틴어로의 번역은 한정적이었다. 요컨대 주해하려고 해도 책 자체가 손에 들어오지 않은 것이다. 플라톤의 저작 가운데 커다란 영향력을 지닌 것은 고대 말기에 칼키디우스(4세기 경)에 의해 서두 부분(17A~53C)이 라틴어로 번역된 『티마이오스』에 한정된다. 이 책에 대한 칼키디우스의 주해서도 함께 어울려 우주의 제작자인 플라톤의 신(데미우르고스)은 그리스도교의 창조신과 겹쳐지고 12세기의 자연 철학에 커다란 영향을 미쳤다.

아리스토텔레스와 관련해서는 논리학 저작이 6세기에 보에티우스에 의해, 나머지 저작 가운데 많은 것이 12세기에서 13세기 후반에 걸쳐 라틴어로 번역되었다. 13세기에는 아리스토텔레스의 저작과 함께 그리스어와 아라비아어로 쓰인 주해서도 번역되고 참조되었다. 그중에서도 『니코마코스 윤리학』의 주해자로서는 에우스트라티오스가, 그 밖의 아리스토텔레스 저작의 주해자로서는 아베로에스(1126~1198)가 '주해자'(코멘타토르)라고 불리며 참조되었다. '철학자'(필로소푸스)라고도 불린 아리스토텔레스는 서양의 사상계 동향에 엄청난 영향을 주었다.

13세기 서양의 대학에서 철학을 공부한다는 것은 아리스토텔레스의 저작에 대한 강의를 듣는다는 것이었다. 1215년에 아리스토텔레스의 자연학과 형이상학 저작의 구독 금지 명령이 내려졌지만, 1255년에는 아리스토텔레스의 거의 모든 저작이 파리대학 학예학부의 커리큘럼에 짜 넣어진다. 1270년과 1277년에는 학예학부를 중심으로 활약한 급진적인 아리스토텔레스주의자('라틴 아베로에스주의자')에 대해 파리 주교 에티엔느 탕피에에 의한 단죄가 이루어진다. 단죄의 대상이 된 주장 가운데 하나인 '지성단일설' — 모든 인간에게 지성 인식이 생기는 장이 되는 지성(가능 지성)은 수적으로 하나라는 주장— 은 파리대학 학예학부의 교수였던 브라방의 시게루스에 의해 아리스토텔레스의 『혼에 대하여』의 주해서에서 전개되고 있었다. 13세기에서 14세기에 쓰인 아리스토텔레스 주해서의 많은 것은 학예학부에서의 수업의 산물이다. 그러나 신학자인 알베르투스 마그누스(1200년경~1280)와 토마스 아퀴나스, 둔스 스코투스와 윌리엄 오컴도 아리스토텔레스의 주해서를 썼다.

아리스토텔레스 자신의 저작은 아니지만, 아리스토텔레스의 범주론에 대한 입문서로 자리매김한 포르퓌리오스의 『에이사고게』도 주해의 대상이 되었고, 주해서는 12세기의 보편 논쟁의 무대가 되었다. 아벨라르는 몇 번인가 『에이사고게』의 주해서를 써서 자신의 유명론에 대한 견해를 성숙시켜 갔다.

신학 분야에서 권위가 된 것은 뭐니 뭐니 해도 성서이지만, 13세기 이후 페트루스 롬바르두스(1095/1110~1160)의 『명제집』이 교과서로 사용되어 왕성하게 주해되었다. 롬바르두스의 『명제집』은 성서와 아우구스티누스를 비롯한 교부의 저작에 근거하여 신학적 문제를 포괄적인 동시에 체계적으로 논의한 것이다. 13세기에서 14세기에 걸친 이름난 사상가들이 『명제집 주해』를 쓰고 있으며, 사상가에 따라서는 『명제집 주해』가 주저로 간주된다. 예를 들어 둔스 스코투스의 사상을 알고자 한다면, 서로 다른 시기에 쓰인 몇 가지 버전의 『명제집 주해』를 펼쳐 읽을 수밖에 없다.

이처럼 '주해서가 쓰였다'라고 표현했지만, 주해서는 구두 강의에 의한 교육과 결부되어 생산되는 경우가 적지 않았다는 점에 주의해야만 한다. 많은 경우 그 분야의 고전적인 책이나 교과서의 내용을 가르치는 가운데 주해서가 생산되었다. 둔스 스코투스의 『명제집 주해』도 포함하여 우리가 손에 넣은 중세의 '주해서'는 종종 저자 자신에 의해 쓰인 것이 아니라 강의를 청강한 학생의 기록을 바탕으로 한 '강의록'이다.

주해서의 구성과 서문

일반적으로 중세 시대에 쓰인 주해서는 아래에서 드는 요소들로 구성되어 있다.

(a) 서문
(b) 텍스트의 구조(구분)에 대한 해설
(c) 주해할 부분의 명시(텍스트로부터의 인용)
(d) 텍스트의 내용에 대한 해설
(e) 텍스트와 관련된 문제들에 대한 논의

모든 주해서가 이러한 요소들 모두를 포함하고 있었던 것은 아니다. 오히려 몇 가지 요소밖에 갖추고 있지 않은 것이 많다. 어림잡아 말하자면, 주해서는 (d) 해설의 요소를 중심으로 한 유형의 것들과 (e) 문제를 중심으로 한 유형의 것들로 구별된다. 13세기 후반 이후에는 대학에서의 수업을 통해 후자 유형의 것이 많이 생산되었다.

(a) 서문에서는 주해되는 책의 저자와 제목, 주요 내용, 논술 형식, 의도와 유용성이 논의되었다. 저자에 관해 말하자면, '저자는 그 책을 착상하여 쓴 인물이다'라는 우리의 상식이 통용된다고는 할 수 없다. 전형적으로는 성서의 경우에 그 책을 쓴 인물 이외에도 저자가 존재한다고 생각되는 일이 있었다. 예를 들어 문자로 적어 「마태오의 복음서」를 우리에게 남긴 것은 마태오이지만, 근원적으로는 마태오에게 계시를 준 신이 「마태오의 복음서」의 저자라는 식으로 설명되었다. 신도 저자라는 설명은 페트루스 롬바르두스의 『명제집』 등에 대해서도 취해지는 경우가 있었다.

텍스트의 구조 분석

(b) 텍스트는 수많은 부분으로 세밀하게 분할된 다음 주해되었다. 토마스 아퀴나스의 아리스토텔레스 주해서는 이 요소가 대단히 발달해 있다. 예를 들어 토마스는 『니코마코스 윤리학』 제1권의 서론부(현재의 구분으로는 1장에서 3장)를 다음과 같이 구분한다.

I. 고찰의 의도를 보여준다. (1·2장에 해당)

II. 논술의 방식을 보여준다. (3장의 중간 1,094b27까지)

III. 윤리학 청강자의 조건을 보여준다. (3장의 마지막까지)

I은 더 나아가 두 가지로 구분된다.

1. 과제를 보여주는 데 필요한 사항을 제시한다. (1장에 해당)

2. 과제를 밝힌다. (2장에 해당)

1은 더 나아가 두 가지로 구분된다.

(1) 목적의 필연성을 보여준다. (1,094a1~6)

(2) 인간 행위와 목적의 관계를 제시한다. (1,094a6~18)

(1)이 더 나아가 세 가지로 구분된다.

① 모든 인간적인 것은 목적으로 질서 지어져 있다는 것을
보여준다. (1,094a1~3)

② 목적의 다양성을 보여준다. (1,094a3~5)

③ 목적들의 관계를 보여준다. (1,094a5~6)

마지막으로 ①이 두 가지로 구분된다.

(i) 자신의 의도를 보여준다. (1,094a1~2)

(ii) 자신의 의도를 설명한다. (1,094a2~3)

(c) 텍스트의 특정 부분을 주해하기 전에 어느 부분에 대해
주해할 것인지가 제시된다. 전문이 인용되기보다 처음의 몇 단어만
인용되며, 그 이하는 생략되는 경우가 많다.

축어적 주해 ─ 플라톤 『티마이오스』의 주해서로부터

(d) 텍스트의 내용은 주해자의 말에 의한 개설(패러프레이즈)과 축어적인 주해에 의해 해설된다. 축어적인 주해에서는 텍스트에 포함된 지시대명사가 가리키는 내용, 어휘의 어의와 어원이 설명된다. 어의의 설명은 종종 하나의 말이 지니는 복수의 의미와 비슷한 의미를 가진 말 A와 말 B의 의미 차이에 대한 분석을 수반한다.

축어적인 주해란 어떤 것인지를 이해하기 위해 콩슈의 기욤 (1090년경~1154년경)에 의한 『티마이오스』의 주해서(『티마이오스 축어 주석』)로부터 몇 군데를 살펴보자(아래의 인용문 가운데 홑화살괄호로 묶여 있는 부분은 라틴어 번역의 플라톤 텍스트에 있는 말이다).

세계가 가감적이라는 것을 증명하고 나서, 모든 가감적인 것은 만들어진 것인 까닭에, 세계가 만들어졌다는 것을 증명한다. 이 점이 다음 부분에 함의되어 있다. '그리고 그것들' 즉 가감적인 것은 '모두 만들어졌다'. 또한 만들어진 까닭에 산출된 것이다. 이 점이 다음 부분에 함의되어 있다. '그리고 무언가의 생성으로부터' 즉 무언가의 시원으로부터 '실체' 즉 자존하는 것'을 지닌다'. 만들어진 것과 산출된 것 사이에는 종과 유 사이에 있는 것과 같은 차이가 있다는 점에 주의할 필요가 있다. 만들어진 것은 모두 산출된 것이지만, 그 역은 아니다. 본래 만들어진 것은 미리 존재하는 소재로부터 무언가의 것에 의해 생긴 것이지만, 산출된 것은 미리 존재하는 소재로부터의 경우도 있을 뿐만 아니라 천사처럼 미리 존재하지 않는 소재로부터의 경우도 있다. (41절, 21~30행)

콩슈의 기욤은 플라톤에게는 없는 '천사'를 가지고 들어와 '만들다'와 '산출하다'의 의미 차이를 설명한다. '만들다'는 소재가 이미 존재하는 경우로 한정되는 데 반해, '산출하다'는 소재가 있는 경우와 없는 경우의 양쪽을 허용한다. 두 말의 의미 차이를 명확히 하고 '세계가 만들어졌다'를 '세계가 산출되었다'라고 다시 말함으로써 플라톤의 말은 그리스도교가 가르치는 '무로부터의 창조'를 지지할 가능성을 지니게 된다.

신의 본질이 세계를 작용인이라는 것은 확실하며, 이 점이 확실한 까닭에 '세계라는 작품', 즉 자신의 작품인 세계'의 토대', 즉 건물이 토대에 의존하듯이 모든 물체적 피조물이 의존하는 4원소를 '쌓으면서' '이와 같은 범형', 즉 지혜'로 눈을 향해', 즉 이 지혜에 따라 세계를 만든 것은 '확실히 의심할 수 없다', 아니 확실하다. (43절, 5~11행)

사물의 원인을 작용(운동)·형상·질료(소재)·목적의 네 가지로 구별하는 아리스토텔레스의 4원인설은 중세의 주해서에서 애용되었다. 콩슈의 기욤도 신에 의한 세계 제작 이야기를 해설하는 데서 4원인설을 도입한다(32절). 세계의 작용인, 즉 우주를 만들어낸 것은 신의 본질, 세계의 형상인, 즉 세계에 형태를 부여한 것은 신의 지혜, 세계의 질료인, 즉 세계의 재료가 된 것은 4원소, 세계의 목적인은 신의 선함—신이 세상을 만든 것은 오직 신이 선한 자이기 때문이다—이라고 말하고 있다. 플라톤의 작품에는 4원소에 해당하는 '불, 물, 공기, 흙'은 등장하지만, '4원소'라는 말 자체는 없다. 이처럼 중세의 주해자들은 주해하는 대상인 책에는 존재하지 않는 말과 개념을 들여와 설명하기를 주저하지 않았다.

개설(패러프레이즈)—「창세기」의 주해서로부터

이어서 패러프레이즈의 성격이 좀 더 강한 샤르트르의 티에리 (1156년 이후 사망)의 「창세기」의 주해서(『여섯 날의 일에 관한 논고』)를 살펴보자.

'처음에 신은 하늘과 땅을 창조하셨다'(「창세기」, 1:1)가 인용된 후 다음과 같이 설명이 시작된다.

저자는 세계를 유지하는 원인들과 그와 같은 세계가 창건되고 장식된 시간의 순서를 이성적으로 보여준다. 그런 까닭에 처음에 원인에 대해, 다음에 시간의 순서에 관해 이야기해 나가자. 그런데 이 세상에 있는 실체의 원인은 네 가지다. 즉, 작용인인 신, 형상인인 신의 지혜, 목적인인 신의 은혜로운 사랑, 질료인인 4원소이다. (2절, 555쪽, 15~19행)

이처럼 '4원인설'과 '4원소'는 성서의 주해서에도 도입된다. 「창세기」 1장 1절의 말은 세계의 작용인인 신에 의해 세계의 질료인인 4원소(불·물·공기·흙)가 만들어졌다는 것을 보여준다고 해설된다(3절). 조금 전에 소개한 『티마이오스 축어 주석』에서의 세계 제작에 대한 설명과 유사하다는 것을 알아차릴 수 있을 것이다.

이어지는 구절 '그리고 주의 영이 물 위에 움직이고 있었다'(「창세기」, 1:2)에 대해서는 다음과 같은 해설이 있다.

그런데 플라톤은 『티마이오스』에서 그와 같은 영을 세계영혼이라고 부른다. 다른 한편 베르길리우스는 그 영에 관해 다음과 같이 말하고 있다. '처음에 바다와 땅과 높은 하늘과 빛나는 달과 티탄의 별들을 영은 내부에서 기른다.' (…) 이에 반해 그리스도교인들은 그와 같은 영을 성령이라고 부른다. (27절, 566쪽 44행~567쪽 52행)

여기서는 그리스도교의 신이 지닌 위격 가운데 하나인 '성령'이 '세계영혼'(아니마 문디)과 같은 것이라고 해설하고 있다. '세계영혼'은 『티마이오스』(34B)에서 신이 '우주를 고정해 놓았다'라고 생각되는 혼의 호칭이다. 성서를 해석함에 있어 이교도인 플라톤이나 베르길리우스의 말과의 합치를 보여주려고 하는 것은 주목할 만할 것이다. 그러나 아벨라르도 지지했던 성령과 세계영혼의 동일시는 상스 공의회(1140년)에서 이단 선고를 받게 된다.

그리스 철학에서 유래하는 추상적인 개념뿐만 아니라 관찰에 기초한 사실도 사용된다. 육지의 탄생 에피소드(「창세기」, 1: 9~10)는 다음과 같이 설명되고 있다.

하지만 확실히 물이 공기 위쪽에 증기가 되어 공중에 머물러 있기 때문에, 자연의 질서가 요구하고 있던 것은 흐르는 물이 줄어듦으로써 흙이 연속해서가 아니라 무언가 섬과 비슷한 것으로서 나타나는 것이었다. 이것은 많은 방법으로 증명할 수 있다. 예를 들어 욕조로부터 많은 양의 증기가 올라가면 갈수록, 욕조에 담긴 물은 적은 양이 된다. 마찬가지로 만약 식탁 위에 물이 일정한 면이 되어 연속해 있고, 그 후에 그 연속해 있는 물 위에 불이 놓이면, 곧바로 위에 자리한 열에 의해 그 수면이 엷어지고, 거기에서 마른 곳들이 나타나며, 어떤 몇 군데로 물이 수축해서 모이기에 이른다. (9절, 559쪽, 16~24행)

주해서에서 논의된 문제 ─ 아리스토텔레스 『니코마코스 윤리학』의 주해서로부터

(e)에서 논의된 텍스트에 관련된 문제가 걸쳐 있는 범위는 상당히 넓으며, 텍스트 내용과의 관련이 곧바로 명확하지 않은 것도 있다. 일반적으로 13세기 후반 이후에 쓰인 문제를 중심으로 한 주해서에서는 텍스트 내용과 느슨하게 결부된 상당히 자유로운 문제 설정이 보인다. 이러한 주해서들에서 보이는 문제에 대한 논의는 '토론 형식'으로 쓰여 있다.

'토론 형식'은 토마스 아퀴나스의 『신학대전』 등에서도 채택된, 전성기·후기 스콜라학의 저작에서 흔히 볼 수 있는 논술 형식이다. '토론 형식'에 의한 주해란 어떠한 것인지를 소개하기 위해 13세기 후반부터 14세기에 걸쳐 파리에서 활약한 라둘푸스 브리토Radulfus Brito에 의한 『니코마코스 윤리학』의 주해서(제1버전)로부터 하나의 예를 들고자 한다. 라둘푸스 브리토의 주해서에서는 『니코마코스 윤리학』 제5권에 대해 (아리스토텔레스가 말하는) '분배적 정의'와 '교환적 정의'는 정의의 다른 종인가 하는 문제 외에 화폐를 갖는 것은 필요한가 하는 문제도 논의되고 있다. 문제 제기가 이루어진 후, 화폐는 필요 없다는 견해를 지지하는 논의가 제출된다. 두 가지 논의가 있는 가운데 그중 하나는 다음과 같다. '필요한 것이란 그것 없이 사물이 존재할 수 없는 것이다. 그러나 물건은 상호 교환될 수 있다. 예를 들어 일정량의 곡물에 대해 일정량의

포도주나 기름 등과 같은 물건이 주어질 수 있다.'(6~8행)

그에 반해 아리스토텔레스는 교환을 위해 화폐가 필요하다고 생각했다고 간략히 이야기된 다음, 문제에 대한 해답이 주어진다. 라둘푸스 브리토는 '필요'란 두 가지로 이해된다고 말한다. 하나는 그것 없이 사물이 존재할 수 없는 것이, 또 하나는 그것 없이 사물이 좋을 수 없는 것이 '필요'라고 말하는 것이다. 동물에게는 영양이 필요하다고 말해지는 것은 전자의 의미이며, 인간에게는 옷이 필요하다고 말해지는 것은 후자의 의미이다. 화폐는 전자의 의미에서는 교환에 필요 없지만, 후자의 의미에서는 필요하다.

이어서 교환이 잘 되기 위해 화폐가 필요해지는 세 가지 이유가 제시된다. 첫째, 교환은 지금은 필요 없더라도 미래에 필요해질 수 있다. 포도주나 곡물은 화폐만큼 오래 저장할 수 없으므로 물물교환으로 필요한 때에 필요한 것을 입수하는 데는 한계가 있다. 둘째, 물물교환에서는 당사자 사이에서 평등성이 유지되지 않을 수가 있다. 샌들 두 켤레가 구두 한 켤레 이하의 가치밖에 없는 경우, 샌들 두 켤레와 구두 한 켤레를 교환하면 평등하지 않게 된다. 물건 A와 물건 B가 정확히 같은 가치를 갖는 것은 드물다. 화폐는 평등한 교환을 보증한다. 셋째, 어떤 물건(포도주)은 어떤 지역에서는 풍부하게 생산되지만, 다른 지역에서는 결핍해 있다. 손에 넣고 싶은 물건(포도주)과 교환하기 위해 다른 물건(곡물)을 운반하는 것보다 화폐를 운반하는 쪽이 더 쉽다.

나아가 좋은 화폐의 다섯 가지 조건이 논의된다. ① 좋은 화폐는 작아야 한다. 크기가 크면 약간 무게를 줄여도 알지 못한 채 속는바, 요컨대 화폐의 위조가 생기기 쉽다. ② 누구나 화폐를 주조할 수 없게 하도록 군주의 표지를 각인해야 한다. ③ 교환할 때 일정한 가치를 지니기 위해 정해진 무게를 가져야 한다. ④ 파손 없이 장기간의 사용을 견뎌내는 것도 중요하다. 오래 사용할 수 없으면 화폐가 아니라 물건을 교환에 사용하는 쪽이 좋다. ⑤ 금이나 은과 같은 가치 있는 소재로 주조되어야 한다. 가치가 낮은 소재로는 교환의 대상이 되는 다양한 물건의 규준 역할을 할 수 없다.

이처럼 라둘푸스 브리토는 아리스토텔레스가 분명히 말하지 않은 화폐의 필요성을 논의할 뿐만 아니라 화폐와 관련된 문제로서 양화의 조건도 논의하고 있다. 12세기 이후의 상공업 발달은 화폐 경제의 침투를 서양 사회에 가져왔다. 라둘푸스 브리토의 주해서는 그러한 세태를 비추어준다. 주해서는 주해자에게 있어 대상이 되는 서적이 쓰인 옛날의 문제를 논의하는 자리라기보다 오히려 현대의 문제를 논의하는 자리일 수 있었다.

2. 그리스 철학의 전통과 계승

호메로스에서 베르길리우스로

중세의 주해서는 플라톤과 아리스토텔레스의 저작과 같은 주해의 소재, '4원인'이나 '4원소'와 같은 개념을 그리스 철학에 빚지고 있는 것만이 아니다. 위에서 이야기한 것과 같은 주해서의 스타일에서도 그리스어로 쓰인 주해서에 많은 것을 빚지고 있다. 라틴어 주해 전통의 요람기에 로마의 지식인들은 그리스어에 능통했다. 그들은 그리스어 주해로부터 주해의 기법을 배운 것으로 생각된다. 또한 라틴어로 쓰인 가장 오래된 아리스토텔레스 주해서를 남김으로써 중세 주해서 전통에 중요한 역할을 한 보에티우스는 번역자이기도 했다. 그리스어에 능통한 보에티우스는 그리스어로 된 아리스토텔레스 주해서를 모델로 하여 자신의 주해서를 저술한 것으로 생각된다. 호메로스 주해의 전통에서 엿볼 수 있듯이 애초에 권위 있는 책을 주해한다는 행위 그 자체가 그리스의 사상 문화로부터 계승된 것이다.

플라톤과 아리스토텔레스의 일치

그리고 플라톤과 아리스토텔레스의 저작을 어떻게 읽어야 할 것인가 하는 해석상의 일대 방침에서도 중세의 주해서는 그리스 철학의 전통에 빚지고 있다. 보에티우스는 아리스토텔레스의 『명제론』에 대한 주해서에서 다음과 같이 말하고 있다.

나는 모든 아리스토텔레스의 작품을 로마의 언어(라틴어)로 번역하고, 그 모든 것에 대해 주해를 라틴어로 쓸 작정이다 —

논리학의 세련, 도덕적 지식에 대한 깊은 통찰, 자연학의 진리에 대한 날카로운 통찰에 기초하여 아리스토텔레스가 쓴 것이 있다면, 그 모든 것을 차례대로 번역하고 주해라는 빛 아래에 비추어내기 위해서 말이다. 그리고 플라톤의 대화편 모두를 번역하고 주해를 씀으로써 라틴어의 형태로 만들 작정이다. 이러한 일을 수행한 후에는 아리스토텔레스와 플라톤의 견해가 어떤 방식으로 조화를 이루는지 보여주기를 나는 가볍게 여기지 않을 것이다. 나는 그들이 많은 사람과 다르며, 모든 사항에서 서로 반대되는 것이 아니라 많은 사항에 대해, 특히 철학에서 가장 중요한 사항에 대해 합의하고 있다는 것을 보여주고 싶다. (『명제론 제2 주해』, 79쪽 16행~80쪽 6행)

그러나 보에티우스는 플라톤의 작품에 대해서는 주해서를 전혀 쓰지 않았기 때문에, 이 발언은 보에티우스의 참된 뜻을 말한 것이 아니라는 해석도 있다. 적어도 보에티우스는 두 사람의 사고 방식이 대립하는 경우가 있다는 것을 깨닫고 있다.

그러나 플라톤은 유와 종과 그 밖의 것이 보편적인 것으로서 이해될 뿐만 아니라 보편적인 것으로서 존재하며, 더욱이 물체 없이 존립한다고 생각한다. 그에 반해 아리스토텔레스는 유와 종이 비물체적이고 보편적인 것으로서 이해는 되지만, 가감적인 것 속에 존립한다고 생각한다. 나는 이 두 사람의 견해의 적절함에 관해 판정을 내리지는 않았다. 왜냐하면 그것은 좀 더 고차적인 철학의 과제이기 때문이다. 우리는 아리스토텔레스의 견해를 좀 더 열심히 더듬어 갔다. 그 이유는 우리가 아리스토텔레스의 견해에 더없이 찬동했기 때문이 아니라 이 저작이 『범주론』을 위해 쓰인 것이고, 그 저자가 아리스토텔레스이기 때문이다. (『에이사고게 제2 주해』, 167쪽, 12~20행)

그럼에도 불구하고 플라톤 철학과 아리스토텔레스 철학은 본질적으로 대립하는 것이 아니라는 견해가 중세 아리스토텔레스 주해 전통의 출발점에 놓여 있었다는 것은 중요할 것이다. 보에티우스는 이러한 견해를 그가 모델로 삼은 포르퓌리오스의 주해서로부터 계승했다고 생각된다.

보편(이데아) 문제

보에티우스가 플라톤과 아리스토텔레스 사이에서 견해의 대립을 본 것은 보편(이데아)을 둘러싼 문제이다. 이 흰 말과 저 밤색 말로부터 독립하여 존재하는 '말 그 자체'인 말의 이데아, 소크라테스나 플라톤과 같은 개인으로부터 독립하여 존재하는 '인간 그 자체'인 인간의 이데아의 실재를 플라톤은 주장했다고 해석되고 있었다. 아리스토텔레스는 이러한 개물로부터 독립한 보편(이데아)의 존재를 부정했다고 해석되는 것이 현대에는 보통이며, 보에티우스도 그렇게 해석하고 있다. 그러나 중세의 주해서에서는 반드시 그렇지는 않다.

알베르투스 마그누스는 『에이사고게』의 주해서에서 보편을 세 가지로 구별한다.

> 우리는 보편이 세 가지 고찰을 지닌다고 말한다. 하나는 그 자체에서 단순하고 불가변한 본성인 한에서다. 또 하나는 지성 인식 작용에 관계지어지는 한에서다. 다른 또 하나는 이것과 저것에서 지니는 존재에 의해 이것과 저것 안에 존재하는 한에서다. 첫 번째 방식에서 보편인 단순한 본성이 존재와 본질 규정ratio이라고 명명되는 것이다. 그것은 모든 존재하는 것 가운데 가장 참된 의미에서 존재하며, 다른 본성과 섞인 것이나 다른 본성의 조건에 따라 변화하는 것과 같은 것을 무엇 하나 지니지 않는다. (24쪽, 21~29행)

첫 번째 보편은 '사물 앞의 보편', 두 번째 보편은 '사물 뒤의 보편', 세 번째 보편은 '사물 속의 보편'으로 불린다. 이렇게 보편을 세 가지로 구분하는 것은 에우스트라티오스(1050년경~1120년경), 좀 더 소급하게 되면 암모니오스(440년경~517년 이후)의 주해서에서 보인다. 신의 정신 안에는 사물의 본성을 만들어내는 시원이 되는 형상이 있다('사물 앞의 보편'). 이 세계에 존재하는 사물(개물)은 그 형상을 분유하여 존재한다('사물 속의 보편'). 우리는 지성의 추상 작용으로 그 형상을 개물로부터 분리하여 이해한다

('사물 뒤의 보편'). 여기서 알베르투스가 '사물 앞의 보편'에 부여하는 표현은 플라톤이 이데아에 부여하는 표현에 가깝다(이 시리즈 제1권 제8장을 참조).

플라톤의 이데아(보편)를 신의 사유 내용(이데아)인 '사물 앞의 보편'으로서 자리매김하고, 아리스토텔레스가 말한 보편은 '사물 속의 보편'이나 '사물 뒤의 보편'이라고 한다면, 플라톤과 아리스토텔레스의 견해 대립은 해소된다. 이러한 대립 해소 구도는 「창세기」나 『티마이오스』의 주해를 통해 확립되어 있던 신의 지성 안에 피조물의 범형(모델)이 있고 그 모델에 기초하여 세계가 창조되었다는 그리스도교의 자연관과 부합하는 것이었다.

3. 나가며 — 주해 영위의 의의

탐구적·창조적 행위로서의 주해

이상에서 보았듯이 주해의 영위는 권위를 지닌 책과 그 가르침에 맹종하는 것을 의미하지 않았다. 주해는 진리를 비추어내는 '빛'이며, 때로는 저자의 견해를 따라서는 안 된다고 쓰였다. 중세의 많은 주해서는 대상인 책 그 자체와 같은 저자에 의한 다른 저작과의 비교 대조를 통해 텍스트의 의미와 저자의 의도를 밝히는 해설서 이상의 것이다. 주해란 자기 자신의 관찰과 경험에 기초하여 자신이 알 수 있었던 모든 개념적 틀을 구사하여 텍스트를 분석하고, 그 가능성을 끌어내는 창조적인 영위였다. 또한 주해서는 기존 개념을 적용하는 마당일 뿐만 아니라 새로운 개념을 산출하는 자리이기도 했다. 서양의 근세 철학에서 중요한 역할을 하는 '추상abstractio'이라는 술어가 등장한 것은 보에티우스에 의한 포르퓌리오스의 『에이사고게』의 주해서에서였으며, '외적 명칭 규정'이 등장한 것은 길베르투스 포레타누스(1080년경~1154)에 의한 보에티우스의 『데 헵도마디부스』 주해서에서였다.

그러나 서양 중세의 사상가들은 왜 텍스트에 근거하지 않고서, 이를테면 맨손으로 처음부터 자신의 사상을 구축하는 것이 아니라 책을 주해하는 것에 열의를 불태웠던 것일까? 솔즈베리의 요한네스(1115/20년경~1180)의 유명한 말은 그 답을 주는 것으로 보인다.

샤르트르의 베르나르두스는 우리가 마치 거인족의 어깨 위에 올라앉은 난쟁이와 같다고 말했다. 즉, 우리는 그들보다 더 많은 것, 더 멀리 있는 것을 볼 수 있지만, 그것은 자신의 시각의 날카로움이나 신체의 탁월성 때문이 아니라 거인족의 크기로 인해 높은 곳으로 옮겨지고 들어 올려졌기 때문이다. (『메타로기콘』 제3권 제4장, 116쪽 46~50행)

중세의 사상가들은 앎의 '거인들'의 저작을 주해함으로써 '거인

들'보다 더 넓은 시야와 깊은 통찰을 얻고자 한 것이다.[※]

☞ 좀 더 자세히 알기 위한 참고 문헌

— 조치대학중세사상연구소上智大学中世思想研究所 감수, 『중세사상 원전 집성
中世思想原典集成』전 21권, 平凡社, 1992~2002년. 그리스·라틴·아라비아어
로 쓰인 주해서의 일역이 수록되어 있으며, 시대와 지역, 장르를 달리하
는 다양한 주해서에 일본어로 접근할 수 있다. 이것을 정선한 헤이본샤라
이브러리판(전 7권, 2018~2019년)도 간행되었다.
— 다케시타 마사타카竹下政孝·야마우치 시로山内志朗 편, 『이슬람 철학과
그리스도교 중세 I. 이론철학イスラーム哲学とキリスト教中世 I 理論哲学』, 岩波書
店, 2011년. 이 장에서는 소개할 수 없었던 그리스어와 시리아·아라비아
어 주해 전통에 관한 논고가 수록되어 있다.
— 가와조에 신스케川添信介, 『물과 포도주 ─ 서구 13세기의 철학의 개념들
水とワイン ─ 西欧13世紀における哲学の諸概念』, 京都大学学術出版会, 2005년. 13세
기의 아리스토텔레스 수용에 대해 상세하게 논의한다.

그리스와 이슬람을 이어준 그리스어 화자들

다카하시 히데미高橋英海

> 학문적 앎이 언어에 종속하는 것이 아니라 언어가 학문적 앎에 종속하는
> 것입니다. (…) 철학 역시 그리스인에게만 귀속하는 것이 아니라 그리스인이
> 든 비그리스어 화자든 그것을 얻으려고 노력하는 모든 사람이 획득할
> 수 있는 것입니다. (세베로스 세보흐트Severos Sebokht, 606/7년 사망)

그리스 기원의 철학 전통이 언어의 벽을 넘어서 동방으로 퍼진
것은 결코 필연적인 것이 아니라 이 세베로스처럼 생각한 사람들이
있었기 때문일지도 모른다.

세베로스가 위의 말을 적은 시리아어는 지중해 동쪽 해안에서 메소
포타미아에 걸쳐 주로 그리스도교인들이 사용한 언어이다. 동로마
제국의 지배 아래 있던 시리아어 화자들은 6세기 전반에 아리스토텔레
스의 사상을 지배자의 언어인 그리스어로부터 자신들의 언어로 바꾸어
놓고 이해하려고 하기 시작했다. 마침 서방에서는 보에티우스가 아리
스토텔레스의 라틴어 번역을 시도하고, 아르메니아에서도 무적의 다
비드의 저작을 통해 아리스토텔레스 논리학의 수용이 시작되었을
무렵이다. 시리아어권에서는 레슈아이나의 세르기오스Sergios of Resh'ay-
na(536년 사망)가 아리스토텔레스 『범주론』의 주해 등을 저술한다.

7세기 중반, 이슬람의 군대가 메소포타미아 일대를 정복할 무렵,

유프라테스강 언저리의 켄네슈레 수도원에서는 세베로스를 비롯한 승려들이 아리스토텔레스 논리학을 배우고 가르치고 있었다. 9세기 초 대서양 해안에서 중앙아시아에 이르는 광대한 영토를 손에 넣은 아바스 왕조의 수도 바그다드에서 사람들이 다양한 학문에 관심을 지니게 되었을 때, 거기서는 아리스토텔레스의 철학과 갈레노스의 의학에 정통한 시리아어 화자들이 있었다. 제국을 지배하는 엘리트들이 학술서의 아라비아어 번역을 요구했을 때, 후나인 이븐 이스하크(873년 사망)를 비롯한 번역자들은 이미 있는 시리아어 번역을 사용하여 아라비아어로 번역했다. 이렇게 성립한 아라비아어 번역을 사용하여 아리스토텔레스 철학을 공부하는 전통은 그리스도교인 아부 비슈르 마타^{Abū Bishr Mattā}(873년 사망)를 비조로 하는 학파에 의해 계승되며, 마타의 제자 파라비와 나중의 이븐 시나의 손에서 크게 꽃을 피웠다.

아라비아어를 거친 전달 이외에도 시리아어는 그리스 철학의 동방으로의 전달에 한 역할을 맡았다. 실크로드의 요충지 투루판에서 발견된 시리아어 사본 단편 가운데 철학적인 내용을 포함하는 것이 있다는 것은 전부터 알려져 있었지만, 최근의 연구에서 이것이 『범주론』의 번역 일부라는 것이 확인되었다. 오늘날로부터 약 1,000년 전에 현재의 중국 영토 내에서 아리스토텔레스의 저작이 시리아어로 읽히고 있었다는 것이 확인된 셈이다.

칼럼 4

그리스 고전과 콘스탄티노폴리스

오쓰키 야스히로大月康弘

콘스탄티노폴리스(그리스 명칭, 영어로는 콘스탄티노플)는 5세기에 알렉산드리아 도서관이 파괴된 이후 지중해 세계에서의 '그리스 문화의 방주'가 되었다. 7~8세기의 대對아라비아 전쟁기를 거쳐 9세기 중반부터 문화 활동이 활발해지며, 문화사에서의 황금기를 맞이하게 된다. 이 시기에 백과전서적인 문화총람 경향이 보이며, 궁정의 의례, 전례와 고사를 연구하는 학문, 법전 등 세속의 저술에 관한 집성이 이루어졌다. 황제의 주선으로 당시 참조할 수 있었던 서적의 목록이 만들어지고, 항목별의 참고 문헌류도 작성되었다.

포티오스(820~897)는 당시를 대표하는 문인이다. 두 번에 걸쳐 콘스탄티노폴리스 총대주교가 되었으며, 정교회에서는 성인이 된다. 그리스 고전에 대한 조예가 깊고, 수도에 설치된 철학 대학의 교수를 맡고 있었다. 교의를 둘러싼 논쟁으로 인해 로마 교회와의 관계에서 대립하는 이그나티오스와 번갈아 총대주교의 자리를 두고 다투었다. 그가 총대주교였던 시기는 로마 교황과의 관계가 악화하여 '포티오스의 시스마'가 일어났지만, 흥미롭게도 그 시기는 아바스 왕조 궁정과의 관계가 강화된 시기이기도 했다. 로마보다 바그다드, 정치·문화의 국제관계 측면에서도 주목되는 시대였다.

주저 『고전 문헌 총람』은 그리스 고전에 관한 280책의 서평집이다.

845년에 그가 아바스 왕조 바그다드의 궁정에 사자로서 파견되었을 때 집필되었다고 한다. 당시 바그다드에서의 문화 활동에 자극받았을 가능성도 상정되지만, 어쨌든 자신이 읽은 책을 작품의 요약과 저자의 경력, 채택된 기술 양식과 함께 기재하고 있으며, 현대의 '서평'의 원형으로 평가된다. 내역을 보면, 그리스도교 관계 문헌 158책, 세속 문헌 122책. 세속 문헌은 99인의 저술가들의 작품으로, 시 형식의 작품은 눈에 띄지 않으며, 역사, 수사학, 철학, 과학으로 모든 장르에 미치고 있었다. 역사가 가장 많아 31인의 39개 작품이 다루어지고 있었다. 아바스 왕조 궁정 사람들의 관심은 그리스의 과학, 철학, 약학에 있었다는 흥미로운 기술도 보인다.

그는 어디서 그 책들을 읽었을까? 『고전 문헌 총람』에 관련된 언급이 전혀 없으며, 자신이 원고를 필사했다는 기술도 없다. 바그다드 체류 중에 집필되었을 가능성이 크지만, 문헌 열독은 콘스탄티노폴리스에서 이루어졌다고 추측하는 것이 온당하다.

제국 수도에는 궁정과 철학 대학의 장서가 있었다. 그리스 고전의 방주가 된 콘스탄티노폴리스에서 박학의 무리는 그리스도교 사상을 크게 넘어서서 중세 제일의 그리스 문화의 보고를 종횡으로 가로지르고 있었다. 고전에 대한 조예의 깊이는 반대파인 이그나티오스파로부터 '악마에게 영혼을 팔아 얻은 지식'으로 비난받을 정도였다고 한다.

제8장

불교 · 도교 · 유교

시노 요시노부志野好伸

1. 언어

불교의 충격

고대 중국의 지식인에게 세계란 '중국'이었다. '중국' 이외에도 다른 민족이 사는 지역이 있고 다른 문화가 있다는 것이 알려져 있었기 때문에, 좀 더 정확히 말하면, '세계'란 '중국'을 중심으로 하는 것이었다고 말하는 것이 좋을 것이다. '세계'를 나타내는 고대의 중국어는 '천하天下'이며 — 덧붙이자면 '세계'라는 말은 불교 경전에서 많이 사용되는 불교 용어이다 —, '하늘'의 명령을 받은 황제가 천하를, 즉 세계를 통치한다는 것이 고대 중국의 세계관이었다. 이 세계관을 크게 뒤흔든 것이 불교의 유입이다.

불교는 고도의 사변 체계가 중국 밖에도 존재한다는 것을 고대 중국인들에게 이의 없이 인식시켰다. 그것은 그리스도교 세계에 사는 사람들이 선교사들에 의해 『성서』 세계보다 더 오래된 역사를 지니고 고도로 발달한 문명이 동쪽에 존재한다는 것을 알게 된 충격에 필적할 것이다. 불교의 지식은 중국이 선교사들에 의해 서구 문명을 알게 된 것보다 거의 1,500년 전에 받은 서쪽으로부터의 충격이었다.

이 장에서는 이 시리즈 제2권 제6장 「불교와 유교의 논쟁」을 토대로 하여 불교가 가져온 영향을 중심으로 후한 말부터 수·당에 걸쳐 중국에서의 철학이 어떻게 전개되었는지, 그것이 어떻게 주자학에 받아들여지는지 살펴보고자 한다.

유교 해석의 쇄신

불교의 충격은 불교의 초전初傳과 함께 곧바로 야기된 것이 아니다. 그것이 충격으로서 받아들여지기 위해서는 불교를 이해하는 밑바탕이 중국에 형성되기까지의 시간이 필요했다. 그 밑바탕을 형성한 것은 유교의 경전 해석 방법의 변화이다.

후한 시대에 이르러 하나의 경전을 전문적으로 배우고 스승으로부터 제자에게 주석의 전통을 전해나가는 스타일에 더하여 스스로의 힘으로 복수의 경전을 읽고 비교하여 사유하는 스타일이 취해지게 되었다. 이전부터 존재했던 경전의 보급, 또한 새로운 경전의 유포가 이러한 새로운 스타일을 가능하게 했다. 새로운 경전이란 진시황제에 의한 분서焚書 이전의 텍스트로 여겨지는 고문경서古文經書와 당시의 권력자에 관한 예언을 포함하고 ─ 그것은 걸핏하면 권력자에게 영합할 목적으로 작성되었다 ─ 경서의 내용을 보완하는 것으로 자리매김한 위서緯書이다. 위서는 시대성이 강하게 각인되어 있었기 때문에 곧 폐기되었지만, 고문경서는 그때까지의 금문今文경서를 조연으로 내몰고 유교의 정전正典으로서의 지위를 확립한다. 아직 종이책은 없고, 목간이나 죽간 또는 무명과 비단에 문자가 적히고 있던 시대이다.

새로운 스타일로 경전을 해석하는 학자들은 '통유通儒' 등으로 불렸지만, 그들은 한 글자 한 글자의 해석(훈고訓詁)만으로는 만족하지 않고, 여러 경전이나 모든 경전을 관통하는 근본적인 원리, 추상적인 원리를 희구하게 된다. 위서에 세계의 시작에 관한 기술이 보이는 것도 이 경향과 무관하지 않다. 원리의 탐구를 위해 참조된 문헌으로서는 『역경易經』, 『노자』, 조금 늦게는 『장자』가 있다. 후한 왕조가 쇠퇴해가자 유교적 세계관에 대한 회의가 확산하고, 유교에 새로운 숨결을 불어 넣는 것으로서 노장사상을 새로운 시각으로 다시 읽고자 하는 움직임이 일어난다. 이 새로운 학문은 '현학玄學'이라고 불린다. '현학'이라는 말은 그것이 근본적인 원리의 탐구를 지향하는 것이었기 때문에, 20세기에는 '메타퓌지카'(영어로는 metaphysics)의 번역어로 사용되게 된다. 덧붙이자면, '메타퓌지카'의 번역어로서 중국에서도 일본에서도 사용되는

'형이상학形而上學'은 『역경』에 기초한다.

현학

이 현학의 영웅으로 이름을 날린 사람은 왕필王弼(226~249)이다. 23세에 세상을 떠난 이 천재는 『역경』의 주석과 『노자』의 주석을 완성하며, 각각이 두 텍스트의 대표적인 주석으로서 오랜 뒤까지 규범적인 지위를 차지하게 된다. 그 주석의 특징은 만물과 그 근원의 관계를 축으로 하여 원문을 명쾌하게 설명한 데 놓여 있다.

구체적인 예를 살펴보자. '도는 하나를 낳고, 하나는 둘을 낳고, 둘은 셋을 낳고, 셋은 만물을 낳는다'라는 『노자』의 문장에 대해 한대에 성립한 『회남자淮南子』에서는 도가 하나(인 기氣)로부터 생기지만, 하나에서는 아무것도 생기지 않기 때문에 음양陰陽으로 나뉘어 음양이 화합함으로써 만물이 생긴다고 생성론적으로 설명하고 있다. 그에 반해 왕필은 '무에서 말미암기 때문에 하나인 것이지만, 그 하나는 이미 무(제로)가 아니다. 또한 하나라고 말해버리면, 하나(라는 존재)와 (하나라는) 말의 둘이 있다. 하나와 둘이 있기 때문에 셋이 생긴다'라고 해석하고, 이것을 무에서 유로의 전환이라고 설명한다. 즉, 존재를 떠받치는 무와 존재로서의 하나, 그리고 존재를 분절화하는 언어에 의해 유가 성립한다는 존재론적인 해석을 제시한 것이다. 『노자』의 원문이 '만물은 음을 등에 지고 양을 안는다'라고 이어짐에도 불구하고, 왕필은 그 문장에 주석을 가하지 않으며, 기를 전제로 한 생성론을 배제하고 있다.

왕필은 다른 곳에서 『노자』의 내용을 한마디로 표현하게 되면 '근본을 귀하게 여김으로써 하여 하찮은 것을 다스리는' 것이라고 말하여 본말의 관계를 축에 두고 있는데, 그는 모든 존재를 떠받치는 근본으로 무를 상정하고, 만물을 무로 회귀시킴으로써 통일된 질서를 회복한다는 방책을 『노자』로부터 읽어낸 것이다.

왕필은 또한 언어에 대한 사유도 심화시켰다. 『주역周易』 계사전繫辭傳 상편에 '쓰인 것은 말해진 것을 다 나타낼 수 없다. 말해진 것은 의도한 것을 다 나타낼 수 없다. 그런데도 성인이 의도한 것이 제시될 수 있을까'라는 물음이 적혀 있다. 이 물음은 성인이 경서에 담은 의미가 완전하게 이해될 수 있는가 하는 문제와 연결되어 있었다. 이것은 언진의言盡意 — 언어는 의미를 다 표현할 수 있는가 — 의 문제로서 육조 시대六朝時代의 논쟁 주제 가운데 하나가 된다. 계사전 상편의 대답은 역의 괘 등의 상징적인 기호 시스템을 사용하면 성인이 담은 의미가 완전히 다 이해될 수 있다는 것이었다.

그에 반해 왕필은 사냥감을 잡으면 사냥감을 잡기 위한 통발과 덫(전제筌蹄)은 잊힌다는 『장자』의 구절을 이용하여 언어와 상징적 기호를 잊지 않으면 성인의 의도를 다 이해할 수 없다고 설명한다. 무無의 수준에 속하는 성인의 의도를 유有의 수준에 속하는 언어나 상징적 기호와 준별하고, 유의 수준에 있으면서 무의 수준에 도달하기 위해서는 유의 수준을 활용한 후에는 그것을 망각하는 것이 필요하다고 생각한 것이다. 여기에서도 본(무)과 말(유)의 관계가 적용되고 있다. 왕필은 또한 공자가 무를 말하지 않는 것은 무를 체득하여 무가 말해질 수 없다는 것을 이해하기 때문이라고 설명하고, 무를 자주 말하는 노자보다 상위에 두고 있다(『세설신어世說新語』에서 인용하는 일화).

현학의 영향을 강하게 받은 황간皇侃(488~545)은 『논어』의 '선생님의 가르침에 대해서는 들을 수가 있었지만, 선생님의 본성과 천도에 관한 말씀은 들을 수가 없었습니다'라는 구절에 대해 공자가 편찬한 경서는 성인이 사냥감을 잡기 위한 통발이나 덫에 지나지 않는 것인바, 경서가 말하고자 하는 의미에 대해서는 범인은 들어 알 수 없는 것이라고 설명한다. 죽은 성인이 써서 남긴 말 따위는 성인의 잔재에 지나지 않는다는 『장자』의 구절과도 통하는 내용이 『논어』의 주석으로서 기록되어 있는 것이다. 육덕명陸德明(?~630)의 『경전석문經典釋文』이 유교의 오경이나 『논어』와 함께 『노자』, 『장자』를 동렬의 경전으로 대상에 포함하고 있는 것도 유교와 노장사상을 상보적으로 파악하는 사조의 반영이다.

불교·도교의 경전관

경전을 번역해내는 불교 측은 황간처럼 경전의 가치를 간단히 깎아내릴 수는 없었다. 『출삼장기집出三藏記集』을 편찬한 승우僧祐(445~518)는 번역론으로서 「호한역경음의동이기胡漢譯經音義同異記」

를 저술하고, 그 서두에서 문자는 입에 담긴 말을 모사하기 위한 그물이며, 말은 영묘한 진리를 모사하기 위한 덫이라고 하고 있다. 그러나 말이나 문자를 망각해야만 한다는 것과 같은 주장은 없다. 문자를 만든 인물로서 승우는 왼쪽에서 오른쪽으로 쓰는 브라흐미 문자(산스크리트의 표기에 사용된다)를 만든 '범梵'(브라흐마 — 신), 오른쪽에서 왼쪽으로 쓰는 카로슈티 문자를 만든 '가루伕樓'(카로슈타), 그리고 위에서 아래로 쓰는 한자를 만든 '창힐蒼頡'의 세 사람을 든다. 그리고 이들 문자는 각각 다르지만, 진리를 전한다는 점에서는 같다고 한다. 서방에서 편찬된 붓다의 말이, 서방을 기점으로 하면 끝인 동방의 중국에서 번역되었다고 하더라도, 진리와의 관계는 거의 변하지 않는 것이다. 승우와 친교가 있었던 유협劉勰(태어나고 죽은 해는 분명하지 않다)은 '공자와 붓다의 가르침은 다르지만, 그 도는 서로 겹치며' '호胡의 말과 한漢의 말은 다르지만, 교화라는 점에서 서로 통한다'(「멸혹론滅惑論」)라고 말하고 있다.

불교 경전의 번역이 시작되었을 무렵에는 중국의 용어 — 특히 노장사상의 용어 — 를 원용하여 번역이 이루어지며, 예를 들어 니르바나는 '무위無爲'로 번역되었다. 그러나 불교의 이해가 진전되자 불교의 개념에 걸맞은 번역어가 의역이나 음역으로 고안되어, 니르바나의 번역은 음역인 '열반涅槃'으로 정착한다. '연기緣起', '윤회輪廻', '번뇌煩惱' 등은 의역의 새로운 말이며, '세계'도 그 예에 들어간다. '반야般若', '보리菩提' 등은 음역의 새로운 말이다.

불교 경전이 붓다의 말을 적은 것이라면, 도교 경전도 도교의 신들이 특별히 인간을 위해 내려준 말로 자리매김한다. 육수정陸修靜(406~477)이 편찬한 『영보경목靈寶經目』에는 「미출未出」이라고 하는 경전이 있는데, 그것은 천상에 있으면서 아직 인간계에 나타나지 않은 경전이다. 따라서 인간 측이 신들의 말을 이해할 수 없다는 점은 있어도 경전이 무가치한 것이라고는 할 수 없다. 반드시 도교 경전을 의도하여 말하는 것은 아니지만, 도교를 공부한 갈홍葛洪(283년경~343년경)은 '덕행이 근본이고 문장은 말단이며, 종이에 적은 것은 개인의 잔재가 아닌가'라는 물음에 대해 '덫을 버리더라도 물고기가 잡히지 않았으면 그물 없이는 마칠 수 없다. 글을 버리더라도 도가 행해지지 않았으면 글 없이는 마칠 수 없다'라고 답하여 문장의 필요성을 호소했다(『포박자抱朴子』, 문행文行 편). 도교의 최고신인 원시천존元始天尊이 전수했다는 『원시무량도인상품묘경元始无量度人上品妙經』(『도인경』으로 약칭된다. 5세기 성립)에서는 원시천존이 오편진문五篇眞文(다섯 매의 부적)을 나타내어 혼돈한 세계에 질서를 주었다고 하며, 이 진문은 죽은 자를 되살리는 힘이 있다고 말해진다. 그리고 『도인경』 자체에도 죽은 자를 되살리고 사람들을 구하는 힘이 있다고 한다.

그에 반해 진정한 가르침은 경전에 나타나지 않은 채 전해졌다고 생각하는 것이 선종禪宗의 입장이다. 『벽암록碧巖錄』(1125년 성립)에 따라 제시하자면, 달마가 중국에 대승의 소질이 있다는 것을 간파하고 깨달음의 마음을 전했지만, 그 방법은 '불립문자不立文字,

직지인심直指人心, 견성성불見性成佛'이었다. 즉, 문자를 사용하지 않고, 직접 사람의 마음을 가리켜 보이며, 각 사람에게 불성(부처가 될 수 있는 소질)이 있다는 것을 보게 하여 부처가 될 수 있게 하는 방법을 취한 것이다. 초기 선禪의 역사를 전해주는 『전법보기傳法寶記』(712년 성립?)는 이 세계가 언어의 세계인 까닭에 성현은 언어를 사용하여 사람들을 무언어의 경지로 이끄는 것이며, 『장자』가 말하듯이, 뜻을 얻은 후에는 언어를 잊어야 한다고 이야기한다. 다만 그 무언어의 경지는 왕필이 요구한 것과 같은 만물이 귀일하는 근원에 있는 것이 아니라 각자의 마음에 애초에 갖추어져 있다.

불교와 도교를 비판하면서 유교의 재생을 꾀한 송나라 때의 유자는 도교의 영향을 강하게 받아 무극無極이자 태극太極이라는 근원으로부터의 만물의 생성을 설파하는 '태극도太極圖'를 고안해 낸다(주돈이周敦頤, 1017~1073). 다른 한편 아마도 불교의 논의에서 촉발되어 만물의 이理가 각각의 본성에 갖추어져 있다는 성즉리性卽理 설을 제기했다(정이程頤, 1033~1107).

2. 정신, 영혼

신멸불멸 논쟁

앞 절에서 이름을 거론한 황간은 『논어』의 '아직 사람도 섬기지 못하는데 어찌 귀신을 섬길 수 있겠느냐'라는 한 단락에 대해 '이것은 외교外敎에 삼세의 의가 없다는 것'을 보여준다고 말한다. 『논어』 본문의 '귀鬼'란 죽은 자의 혼을 가리키지만, 황간은 '내교內敎' 즉 불교가 전세, 현세, 내세의 일을 연기와 윤회로 설명하는데 반해, '외교' 즉 유교가 그러한 문제에 관심을 보이지 않았다는점을 지적한 것이다. 사후의 세계를 자세히 이야기하는 불교는그때까지의 중국에 없었던 담론을 가져온 것이다.

불교 이전 인도의 사상들이 윤회하는 주체를 전제로 했던 데 반해, 무아설을 취하는 불교는 윤회하는 주체로서의 자기를 부정한다. 불교에서는 윤회하는 것은 자기를 형성하는 요소들(오온五蘊) 및 그에 따르는 인과의 관계에 지나지 않는다. 그러나 중국에서는 윤회라는 생각이 애초에 없었기 때문에 불교 신자도 종종 윤회하는 주체가 되는 영혼을 전제로 하여 윤회를 설명했다. 그에 반해 유자儒者 측에서는 사후 영혼의 존재를 부정하고 불교를 비판하는 논의가 제시되었다. 이것이 '신멸론神滅論'이다. '신'이란 정신, 영혼을 의미한다.

동진東晉의 승려인 혜원慧遠(334~416)은 유교 측의 논리를 다음과 같이 요약하고 있다. 정신(신神)도 육체(형形)도 모두 기氣가 변화한 모습이며, 기가 흩어지면 모든 것은 위대한 근원으로 돌아간다. 정신이 육체에 깃드는 것은 불이 나무에서 타고 있는 것과 같으며, 살아 있다면 둘 다 존재하지만, 삶이 파괴되면 둘 다 스러진다. 그에 대해 혜원은 '불이 장작에 전해지는 것은 정신이 육체에 전해지는 것과 같으며, 불이 다른 장작에 전해지는 것은 정신이 다른 육체에 전해지는 것과 같다'라고 주장하고, 동일한 정신이 다른 육체로 옮겨 변하는 윤회전생을 설명하고 있다(「사문불경왕자론沙門不敬王者論」). 인도 불교의 입장에서는 불이 옮겨붙는 경우 같은 불이 타는 것은 아니며, 이전 불의 요소들을 이어받아 다른 불이 새롭게 생기고 있다는 것, 또는 불이라는 실체는 본래 없다는 것이 강조되어야 하지만, 혜원은 불이 다른 장작으로 옮겨붙는 것을 강조할 뿐으로, 불은 같은 불이라는 것이 전제되어 있다.

유교 측에서 '신멸'을 주장한 대표자가 범진范縝(450~510)이다. 상세한 것은 이 시리즈 제2권 제6장에 미루고 요점만을 파악하자면, 범진은 육체(형)와 정신(신)이 상즉불리相卽不離라는 것을 '형은 신의 질質이며, 신은 형의 용用이다'라고 표현했다. 만물은 무와 같은 하나의 근원에서 생기는 것이 아니다. 만물은 각각 갑자기 생겨나 갑자기 없어지는 방식으로 존재하지만, 그 생멸은 하늘의 이치를 따르기 때문에, 만물은 각각의 본성을 따르고 질서가 유지된다고 한다. 범진에게 있어 육체가 없어진 후에 남는 영혼(정신) 따위는 이 질서를 어지럽히는 것 외에 다른 것이 아니었다. 무를 만물의 기반에 놓은 왕필의 논의가 귀무론貴無論으로 불리는 데 반해, 이러한 범진의 입장은 숭유론崇有論이라고 불린다. 또한 숭유론을 이른 단계에서 전개한 문헌으로는 곽상郭象(252~312)의 『장자주莊子注』가 있다.

체와 용

그런데 불교를 신봉하고 있던 양梁나라의 무제武帝(464~549)는 범진의 논의에 대한 반론을 널리 구함과 동시에, 자신도 『입신명성 불의기立神明成佛義記』를 저술하여 신멸론을 반박했다. 거기서는 체體 와 용用이라는 맞짝 개념을 사용하여 마음의 구조가 설명되고 있다. 『입신명성불의기』에는 무제와 동시대인인 심적沈績의 주석 이 덧붙여져 있는데, 심적의 주석과 아울러 무제의 논의를 정리하 면 다음과 같이 된다. 인간의 마음은 본래 명석하지만, 외부로부터 오염되어 무명無明이라는 존재 방식을 하고 있다. 이것이 마음의 '체'이며, 이 '체'는 상주불변常住不變한다. 그에 반해 마음의 작용은 '용'이라고 불리며, 이 작용은 생기하고 소멸한다. 무제는 말한다. '무명의 체 위에 삶과 스러짐이 있다. 삶과 스러짐은 용을 달리하지 만, 무명의 마음의 의義는 변하지 않는다'. 심적은 말한다. '체가 있으면 용이 있다', '체와 용은 불리부즉不離不卽한다.'

범진이 사용한 질과 용의 관계 자체는 『입신명성불의기』에서 말하는 체와 용의 관계와 같다. 다만 범진이 육체와 정신을 질과 용에 적용한 데 반해, 『입신명성불의기』는 육체를 문제로 삼지 않으며, 정신의 본체와 작용을 체와 용(불교어로 사용되는 경우, 일본어에서는 '요'가 아니라 '유'로 읽힌다)에 적용한다. 그에 따라 순간마다 생멸하는 마음의 배후에서 불멸의 마음을 상정할 수 있다. 그 마음은 무명에 덮여 있지만, 본래는 명석한 것이며, 거기에서야말로 깨달음의 가능성, 부처가 될 수 있는 가능성이 인정된다. 제목에 포함된 '신명성불神明成佛'이라는 말은 바로 그 가능성을 담보하는 것이 이 저작의 목적이었다는 것을 보여준다. 무제의 이 사상은 깨달음의 가능성이 살아 있는 모든 것에게 갖추어져 있다— 일체중생一切衆生, 실유불성悉有佛性— 고 하는 여래장如來藏 사상으로부터 영향을 받고 있다. 여래장 사상은 동아시아에 널리 받아들여지며, 특히 일본에서는 인간으로 거듭나는 일 없는 한 그루의 나무와 한 포기의 풀에까지 불성이 있다고 가르치게 된다.

신멸론을 계기로 하여 본말 관계와는 다른 체용 관계가 정착하고 다양한 설명에 이용되게 된다. 6세기 무렵에 성립한 『대승지관 법문大乘止觀法門』— 작자는 천태종天台宗의 혜사慧思(515~577)라고 도 섭론종攝論宗의 담천曇遷(542~607)이라고도 한다— 에서는 무명 을 체로 하고 업(카르마)에 의해 생긴 마음이나 망상을 용으로 하는 용법 외에, 세속의 가르침과 궁극의 가르침(진제眞諦)을 용과 체에 배정하고, '체와 용이 둘 아님'으로써 양자의 일체성을 강조하 는 용법도 보인다. 또한 선종의 혜능慧能(638~713)의 제자인 법해法 海가 지었다고 하는 『단경壇經』은 정(선정禪定, 명상으로 마음을 가라앉히는 것)이 체이고, 혜(지혜智慧, 진리를 아는 것)가 용이며, 그것들은 같다고 설명한다. 다만 오가와 다카시小川隆의 연구에 따르면, 혜능을 밝히어 알린 신회神會(684~758)는 '정혜定慧'를 전통 적인 불교 용어와는 다른 의미로 사용하고 있다. 신회는 말한다.

'정'이란 '체'를 붙잡을 수 없는 것이다. '혜'라는 것은 그 잡히지 않는 '체'가 언제나 아주 고요해지면서 거기에 무한한 '용'이 있다는 것을 보는 것이다. 그런 까닭에 '정혜를 함께 배운다'라고 말하는 것이다. (『보리달마남종정시비론菩提達磨南宗定是非論』)

신회의 주장은 분절 없는 본래성(정, 체)을 보는(혜, 용) 것이 중요하다는 것이다. 신회는 신수神秀(606~706) 등의 일파('북종北宗')를 비판하고 그 후의 남종南宗 융성의 기초를 구축한 중요 인물이지만, 이른바 북종이 '자기를 본래성 안으로 동화시키려고 하는 데 반해', 신회는 자기를 '본래성 안으로 회수'하는 것이 아니라 '말하자면 본래성에 입각하여 행위하는, 개별적 주체로서 정립'하는 것이다(오가와 다카시, 『신회』, 133쪽). 이것이 곧 신회에게 있어서의 '견성성불'이었다.

체용과 본말

본말 관계가 세계에서의 유일한 근원에 의해 모든 것을 기초 짓고자 하는 데 반해, 체용 관계는 그러한 근원을 상정하지 않으며, 개개의 현상에서의 불변성과 활동성 양면을 설명한다. 본말 관계는 '도'를 절대시하는 노장사상— 특히 노자— 에는 잘 부합하지만, 유일한 근원이라는 것을 인정하지 않는 불교와는 궁합이 나쁘다. 인도에서 전해진 불교의 사상을 이해하기 위해 중국 측이 고안해낸 개념 장치가 체용 관계였다고 할 수 있을 것이다. 애초에 불교는 세계를 하나로 생각하지 않기 때문에 — '삼천三千 세계' 등이라고 말한다 — 하나의 세계의 근원을 추궁한다는 발상은 없다.

다른 한편, 도교는 불교에 촉발되는 가운데 신선神仙사상과 노장사상을 핵으로 하여 형성된 종교로, 그 담론은 세계의 근원을 이야기하는 경향에 놓여 있다. 『통현제천내음경洞玄諸天內音經』은 인간이 죽으면 다시 생긴다고 윤회를 말하지만, 그때마다 자신을 낳아주는 부모('수태受胎 부모')와 애초에 윤회하는 최초에 자신을 낳은 부모('시생始生 부모', '참眞부모')를 구별한다. 수태 부모는 나에게 육체('형')를 주지만, 육체가 있기 때문이야말로 수많은 화가 생겨나고 만다. 육체 없는 신체('무신無身')여야만 신체와 정신('신')이 합일해 참된 신체('진신眞身')가 된다. 그것이 '시생 부모'로 회귀해 불사가 되는 일이다. '시생 부모'로서는 원시천존元始天尊 등의 신이 상정된다. 4세기 전반에 성립했다고 생각되는 『서승경西昇經』도 '육체 없는 신체'가 됨으로써 시름과 욕심을 지워 없애고 정신을 지켜 도와 합일할 것을 설파한다. 같은 윤회를 이야기하면서도 불교와 도교에서는 이러한 양상의 차이를 보여준다.

그런데 체용 관계는 본래 『입신명성불의기』에서 정신의 본체와 그 작용을 설명하는 데 사용되고 있었다. 주자학은 이것을 답습하고 있다. 『주자어류朱子語類』에서는 마음을 미발未發 상태와 이발已發 상태로 나누고 '작용하기 전의 상태가 마음의 체이고, 작용했을 때의 상태가 마음의 용'(제5권)이라고 하는 주희朱熹(1130~1200)의 말이 기록되어 있다. 주희의 제자인 진순陳淳(1159~1223)은 마음에 체와 용이 있다고 한 다음, '체란 이른바 성性으로 마음의 고요한 상태를 말한다. 용이란 이른바 정情으로 마음의 움직인 상태를 말한다'(『북계자의北溪字義』)라고 말하고, 성과 정을 체와 용으로 설명하고 있다. 주자학에서 성은 이理이고 이는 태극이라는 근원과 결부되어 있기 때문에, 주자학은 본말 관계와 체용 관계를 통합하여 성립한 것이라고도 말할 수 있을 것이다.

3. 효

자신의 육체와 효

그런데 불교가 중국에 들어왔을 때 유교 측으로부터 격렬한 반론이 퍼부어진 것은 승려가 삭발하고 출가하는 것이었다. 삭발은 '몸과 사지 그리고 머리카락과 피부는 부모로부터 받은 것이므로 그것을 감히 훼상하지 않는 것, 그것이야말로 효의 시작이다'라는 『효경孝經』의 가르침에 등을 돌리고, 출가는 가족을 버리고 자손을 끊는 것이므로 '후사가 없는 것이 가장 큰 불효다'라는 『맹자』의 가르침을 어긴다.

이에 대해 불교 측은 효의 가치를 부정하지 않고 부처의 가르침에 입각하여 효를 재해석하고자 했다. 손작孫綽(314~371)은 '유도론

喩道論'에서 불교를 옹호하여 다음과 같이 주장한다. 애초에 부자는 일체여서 부모가 기뻐하는 일을 한다면 — 부모는 자식이 진리를 체득하는 것을 기뻐할 것이다 —, 그것으로 충분히 효는 다해지게 된다. 나아가서는 부모와 자기의 관계를 잊어버리는 것이 (참으로) 부모를 부양하는 길이다. 진리의 체득을 위해서는 육체가 속박되기 때문에 삭발은 필요하다. 진리를 체득하고 공덕에 의해 죽은 자를 천국에 거듭 태어나게 할 수 있다면, 세속의 조상 제사 따위는 이미 신경 쓰이는 일이 아닐 것이다. 손작이 이렇게 주장하는 배경에는 『효경』 자체가 몸과 사지 그리고 머리카락과 피부를 훼상하지 않는 것이 효의 시작이라고 말한 후 계속해서 '몸을 세우고 도를 행하며 후세에 이름을 떨치고 그렇게 해서 부모를 영예롭게 만드는 것이 효의 종착이다'라고 하고 있기 때문이다. 불교 측은 유교가 중시하는 신체발부身體髮膚 수준을 사상하고 종착점이 같다는 것을 이유로 불교도 효를 설파한다고 주장하는 것이다.

더 나아가 윤회사상을 가미하면, 자신의 조상이 거듭 태어나 어떠한 모습이 되어 이 세상에 있는지 알 수 없다. 따라서 살아 있는 모든 것이 자신의 부모일 가능성이 있다. 5세기 무렵 중국에서 찬술된 것으로 추정되는 『범망경梵網經』에서는 살생계를 설명하기 위해 효의 도를 끄집어낸다. 즉, '모든 남성은 나의 아버지이고 모든 여성은 나의 어머니이다. 내가 윤회하여 삶을 반복하는 데서는 모두 그들에게서 삶을 받고 있다. 따라서 육도六道(지옥, 아귀, 축생, 아수라, 사람, 하늘)의 모든 살아 있는 것은 모두 나의 부모인 것이다. 그것을 죽여 먹는 것은 나의 부모를 죽이는 것이고, 또한 과거의 자기 자신을 죽이는 것이다.' 따라서 '삶을 죽여 삶에 대갚음하는 것은 효의 도에 걸맞지 않다.' '삶을 죽여 삶에 대갚음한다'라는 것은 사람이 동물이나 물고기를 죽여 먹는 것을 가리킨다. 부모가 살아 있는 모든 것으로 확충될 수 있으면 당연히 자신을 낳아준 부모와의 관계는 희박해지고, 삭발이나 출가도 중대한 불효가 아니게 된다.

앞 절에서 본 도교의 『통현제천내음경』의 논의도 실제의 부모인 '수태 부모'와의 관계보다 '시생 부모', '참부모'를 중시하는 것이다. 실제의 부모에 대한 예절이 부정되는 것은 아니지만, 그것은 말하자면 유교의 영역이지 도교의 본줄기가 아니다. 도안道安(312~385)은 '이교론二教論'에서 죽으면 스러지는 육체와 스러지지 않는 이법을 품는 정신을 구별하고, 육체를 구하는 가르침을 외교外教, 정신을 구하는 가르침을 내전內典이라 부르며, 유교를 외교, 불교를 내전이라 했다. 유교는 육체와 세속에 관계하고 불교는 정신과 초속超俗에 관계한다는 구분은 유교와 불교 비교의 전형적인 틀로서 계속해서 사용되게 된다. 효 문제에 관한 논의도 이 비교의 틀에 따른 것이다.

불교·도교의 효

다른 한편 불교 측에서 좀 더 적극적으로 효를 주장하기 위해

『부모은중경父母恩重經』 등의 경전이 중국에서 찬술되었다. 이 경전은 부모에게서 기와 몸을 받고 나서의 은혜를 열 가지 열거하고, 그에 보답하기 위해서는 재가도 출가도 구별 없이 부모에게 효행을 다하며, 그런 다음 부모에게 불교를 믿도록 나아가는 것이 효로써 받들어 섬기는 것이라고 이야기한다. 주목할 만한 것은 아버지보다 '인자한 어머니의 자식을 생각하는' 마음에 중점이 놓이고, 어머니의 은혜에 극진한 기술이 이루어지고 있다는 점이다. 『우란분경盂蘭盆經』은 부처의 제자인 목련目連이 지옥에 떨어진 어머니를 구원하는 이야기를 묘사한 경전이지만, 선종과 다른 불교 파들과의 융합을 도모한 종밀宗密(780~841)은 이 경전에 주석을 베풀어 다음과 같이 말한다.

외교(유교)의 설에서는 사람은 형질形質을 본으로 하고, 신체를 대대로 전해 간다고 한다. 아버지부터 거슬러 올라가 7대로 하기 때문에, 아버지 쪽을 떠받든다. 불교의 설에서는 사람은 정신을 본으로 하고, 형질을 만드는 요소에 정신이 기탁된다고 한다. 이 세상에서 다음 세상으로 거듭 태어날 때는 언제나 부모가 있어 이 몸을 낳아 길러준다. 거슬러 올라가 7대 이전의 자신을 낳아준 부모까지를 7대로 한다. 그러나 내 몸이 기탁되는 것은 오로지 어머니의 태내이고, 태어나고 나서 젖을 주고 껴안아 주는 것도 어머니인 경우가 많다. 그래서 어머니 쪽을 떠받든다. 따라서 경전에서는 그저 '젖을 주신 은혜'라고만 하는 것이다. (『우란분경소盂蘭盆經疏』)

유교 문헌에서도 물론 어머니의 은혜를 강조하는 표현을 발견할 수는 있지만, 여기서는 종밀의 말 쓰임새를 인정한 뒤 좀 더 부연하자면 다음과 같이 말할 수 있는 것이 아닐까? 외교인 유교는 부모와 자식 사이의 육체(형질)의 연속성을 중시하지만, 거기서 중시되는 것은 사실은 관념적인 육체인바, 그런 까닭에 유교에서는 어머니의 존재가 부당하게 등한시되고 있다. 역으로 정신에 중점을 둔 불교(내교) 쪽이 오히려 어머니의 체온을 느낄 수 있는 모자 관계를 거리낌 없이 인정한다. 어머니에 대한 효를 이야기하는 경우도 많은 24효 설화는 유교와 불교의 요소가 뒤섞인 산물로 간주할 수 있다.

덧붙이자면, 도교 측에서도 『부모은중경』을 모방하여 『태상진일보부모은중경太上眞一報父母恩重經』 등의 경전이 만들어진다. 『태상진일보부모은중경』은 '중생의 참부모'인 원시천존이 사람들에 대해 부모에게 효로써 섬김을 다하라고 설득하는 내용으로 이루어지고 있다.

할고와 효

그런데 살생계殺生戒를 말하는 불교에서도 '삶을 죽여 삶에 대갚음하는' 것이 긍정되는 경우가 있다. 부처가 자기 몸을 내밀어 살아 있는 것을 구했다는 사신捨身의 이야기가 그것이다. 석가로서 인도에서 태어나 깨달음을 열기 전의 부처의 이야기가 본생담本生譚이지만, 거기에는 부처님이 굶주린 호랑이에게 몸을 내밀어 호랑이의 어미와 새끼를 구해준 이야기, 매에게 쫓긴 비둘기를 구하기위해 자신의 허벅지 살을 베어내 매에게 내주었다는 이야기 등이포함된다. 종병宗炳(375~443)의 「명불론明佛論」에는 이 사적이 '몸을던져 자기를 끝내고, 허벅지의 살을 베어내 자기를 대신하게 한다'라는 표현으로 적혀 있다.

후자의 '할고割股'(허벅지의 살을 베어냄)는 당대에 이르러 부모에 대한 효행으로서 표창받게 된다. 『신당서新唐書』 효우孝友전에따르면, 진장기陳藏器의 『본초습유本草拾遺』가 출판되고 나서 민간에서는 부모가 병이 들면 자신의 허벅지 살을 베어내 부모에게내주는 자가 많이 나타났다. 부모로부터 받은 이 신체를 손상하지않도록 하라는 유교의 종래 가르침과 분명히 배치되는 이 행위는비판도 받지만, 루쉰魯迅이 『광인일기』에서 문제 삼았듯이 청나라말까지 풍습으로 계속 남는다.

불교가 살아 있는 모든 것이 자신의 부모일지도 모른다는 것,그리고 살아 있는 것을 구하기 위해 붓다가 허벅지 살을 잘라제공했다는 것을 아울러 생각하면, 할고는 효의 행위로서 해석될수 있다. 자신의 살을 친부모에게 내주는 효행담도 『대방편불보은경大方便佛報恩經』 등의 불교 경전에서 보인다. 불교의 입장에서는윤회전생하는 존재인 사람은 이 세상에서 받은 신체에 구애될이유가 없다. 다만 이 세상에서 받은 부모의 은혜에 대해서는 구애되는 마음을 보이고 그 은혜에 보답하기 위해 이 세상의 몸을 내주는 것이 효로 여겨진다. 다른 한편 윤회전생을 전제로 하지 않는 유교에서는 여벌이 없는 이 몸을 희생하는 것을 전면적으로 효로서 긍정하기가 어렵다. 그래서 유교의 입장에서 할고를 옹호하는 경우에는 동기의 올바름이 오로지 칭찬받게 된다. 앞에서 언급한 『신당서』 효우전도 학문이나 예의가 없는 사람의 행위이지만 '성심誠心'에서 나온 것인 까닭에 밝히어 알리는 것이라고 미리 양해를 구하고 있다.

주희 역시 '성심'이라는 말을 사용하며, '할고는 물론 잘못된 행위이지만, 성심에서 행하고, 사람에게 효자로 인정될 것을 구하는 것이 아니라면, 올바른 행위에 가깝다고 할 수 있을 것이다'(『주자어류』 제17권)라고 평가하고, 『맹자』에서 말하는 '이의理義의 마음'(올바른 도리를 얻은 마음)이 모든 사람에게 갖춰져 있는 증거라고까지 말하고 있다(같은 책, 제59권). 앞 절에서 지적한 대로 주희는 체와 용을 범진과 같이 육체와 정신이라고는 하지 않으며, 마음의 본성과 작용에 적용하고 있었다. 할고는 두드러지게 신체에 관계되는 문제이지만, 주희는 여기서도 신체의 차원을 사상하고 마음의 문제로 환원했다. 이러한 해석은 붓다의 가르침이 효와 모순되지 않는다는 것을 논증함에도 불구하고, 불교가 효가 지니는 신체 수준을 사상한 것의 연장선상에 자리매김할 수 있다.

☞ 좀 더 자세히 알기 위한 참고 문헌

— 후나야마 도오루船山徹, 『육조수당불교 전개사六朝隋唐仏教展開史』, 法藏館, 2019년. 중국에서 전개된 불교에 대한 최신의 연구 성과. 제1편 제2장 「체용 사상의 시작」을 특히 참조했다.

— 오가와 다카시小川隆, 『신회 — 둔황 문헌과 초기 선종사神会 — 敦煌文獻と初期の禪宗史』, 臨川書店, 2009년. 선어록禪語錄을 정독한 데 기초하여 선종사를 재검토하고 있는 오가와 씨의 일련의 업적인 책이다. 이 장에서 인용한 이 한 권의 책을 거론해둔다.

— 무기타니 구니오麥谷邦夫 편, 『중국 중세사회와 종교中国中世社会と宗教』, 道氣社, 2002년. 과학 연구비의 성과에 기초한 논문집. '효와 불교'와 '참부모'를 둘러싼 논의를 특히 참조했다. 교토대학의 학술정보 리포지터리, https://repository.kulib.kyoto-u.ac.jp/dspace/handle/2433/98009로부터 다운로드할 수 있다.

— 후쿠나가 미쓰지福永光司 외, 『이와나미 강좌. 동양사상. 중국 종교사상岩波講座 東洋思想 中国宗教思想』 1, 2, 岩波書店, 1990년. '내와 외', '체와 용', '유와 무', '본과 말' 등의 개념으로부터 중국 사상의 특질에 다가간다.

제9장

인도의 형이상학

가타오카 게이片岡 啓

1. 인식론적 전회 이후의 논쟁사

인도 철학의 조류

베다 시대(기원전 1500~기원전 500년경) 이후의 인도 아대륙에서는 불교가 일어나는 기원전 5세기 이후, 브라만과 사문沙門(출가 유행자)의 대립을 축으로 하여 여러 사상이 산출되어간다. 시원적 원리와 존재를 둘러싼 물음은 기원 전후의 상키야적인 이원론과 아비달마의 치밀한 존재론으로 열매 맺는다. 문법학을 배경으로 하는 사변은 더 나아가 인식 대상을 뒷받침하는 인식 수단(이증理證·교증教證)의 정비로 나아간다. 논증술도 포함한 인식 수단의 물음이야말로 기원후 5세기 이후의 논쟁사를 강하게 규정한다.

인도의 지각론에서 서양 근대의 인식론과 서로 같은 문제들을 찾아내기는 쉽다. 다른 한편 토론술의 전통을 배경으로 하고 다분히 경험주의적인 추론의 분석 시각은 우리에게 대안적인 견지를 제공해준다. 또한 언어나 성전의 취급에서는 인도에 특징적인 사변이 농후하게 보인다. 성전이나 주재신을 주제로 하는 교조적인 논쟁의 배경에도 지각·추론·언어에 관한 엄밀한 인식론이 놓여 있었다.

기원후 5세기 이후의 인도 철학에는 대단히 전문적인 인식론의 벽이 있는 까닭에 술어에 정통한 전문가 이외에는 접근하기가 어렵다. 인식론 없이 이해할 수 있는 고대의 우파니샤드 철학이나 그에 따른 신학 일부가 인도 철학의 대표인 것처럼 생각되어온 것도 까닭 없는 것은 아니다. 이 논고에서는 불교와 브라만교의 당시의 최첨단 논의의 주고받음을 축으로 하여 기원후 5세기에서 12세기의 인도 철학을 조망한다. 덧붙이자면, 발달한 인식론은 불교가 쇠퇴하는 13세기 이후에 신니야야학파의 술어와 표현 기법에 휩쓸리며, 점점 더 전문성을 높여가게 된다. 거기에는 기호 논리학과는 다른 사유의 명석화가 놓여 있다.

인식론에서의 디그나가의 충격

유가행파瑜伽行派의 바수반두(세친世親, 350~430년경)는 외계 존재를 부정하고 인식만이 존재한다고 하는 유식唯識을 표방한다.

그 전통에 이어지는 불교 논리학자 디그나가(진나陳那, 470~530년경)는 주저 『인식수단집성認識手段集成』에서 바수반두의 학설을 비판적으로 수용하여 자기의 학설을 확립함과 동시에 니야야 논리학·바이셰시카 자연 철학·상키야 이원론·미망사 성전 해석학이라는 다른 학파에 대한 비판을 전개했다.

그의 비판을 받고서 베다 성전을 받드는 성전 해석학 미망사의 쿠마릴라(600~650년경)는 브라만교의 입장에서 베다 성전을 옹호하는 미망사의 철학 교리 체계를 『송평석頌評釋』에서 확립함과 동시에 되돌려 불교를 비판했다. 인식과 말의 진위·전지자全知者·살생·여섯 인식 수단(지각·추론·유비·증언·가설적 추론·인식 수단의 무)·인식의 무소연성無所緣性(대응하는 외계 대상이 없는 것)·형상·현세 이익적 제식·음소·낱말·문장·베다·어의(보편·타자의 배제)·낱말과 의미의 관계·주재신 개별적 자아 등의 주제들이 다루어진다.

쿠마릴라로부터의 비판을 받고서 불교 논리학자 다르마키르티(법칭法稱, 600~660년경)는 디그나가에 대한 주석이 되는 『인식수단평석認識手段評釋』과 후속 저작에서 디그나가 학설을 수정, 불교 논리학·인식론의 철학 체계를 수립한다. 이후 다르마키르티의 장대한 구상에 따라 인도 불교의 논리학·인식론은 전개해 나간다. 그 흐름은 티베트 불교에까지 이르게 된다. 다른 한편 다르마키르티에서 쇄신되기 이전의 디그나가 계통의 논리학(이른바 신인명新因明)은 현장의 한역(『인명정리문론因明正理門論』, 『인명입정이론因明

入正理論_』)을 통해 동아시아에서 전개된다.

8세기의 철학 강요서에서 보는 논점들

날란다 사원의 장로로서 티손 데첸왕(742~797)에게 초빙되어 티베트에 구족계를 전한 유가행 중관파^{中觀派}의 샨타라크쉬타(적호^{寂護}, 725~788년경)는 철학 강요서『진리강요^{眞理綱要}』(총계 3,645 게송)에서 당시의 인도 사상을 비판적으로 개관하고 있다. 상키야 학파가 내세우는 세계 전개의 궁극적인 소재인 근본 원인, 니야야·바이셰시카학파가 내세우는 주재신, 유신론적 상키야가 인정하는 그 두 가지, 무인^{無因}, 문법학자 바르트리하리(400~450년경)가 표방 하는 말 브라흐만, 상키야 이원론의 순수 정신과 같은 세계의 시원에 관계되는 주요 원리가 서두에서 논의된다. 이어서 아트만이 라고 불리는 영원불멸의 개별적 자아가 다루어지며, 니야야·바이 셰시카, 미망사, 상키야, 자이나, 베단타 신학, 독자부^{犢子部}의 각 학설이 비판된다.

찰나멸^{刹那滅}, 업과 과보의 관계라는 불교의 기본적인 사고방식 을 확인한 후, 당시의 유력한 존재론인 바이셰시카 자연 철학이 내세우는 원리들인 실체·성질·운동·보편·특수·내속^{內屬}을 차 례대로 비판한다. 어의론^{語義論}에서 개물·보편 등의 유^有를 어의로 하는 브라만교 여러 파의 입장을 비판하여 불교 독자적인 '타자의 배제'라는 부정적 의미론(차이를 의미로 하는 언어 이론)을 그 자신의 유형상有形像 인식론의 입장으로 끌어들여 확립한 후, 불교가 인정하는 지각·추론이라는 두 가지 인식 수단(프라마나)을 논의하고, 다른 학파가 내세우는 그 밖의 인식 수단을 차례대로 배제한다. 다면적인 견지를 취하는 자이나교의 상대주의, 아비달마의 논의로 소급하는 미래·현재·과거의 삼시三時의 이론들, 유물론, 외계 존재를 인정하는 논사들의 견해를 부정함으로써 샨타라크쉬타는 최종적으로 '이 일체는 마음이 인식하게 할 뿐'이라고 하는 유식설을 확인한다.

부론적인 결부結部에서 그는 베다 성전을 포함한 언어의 인위성·비인위성(726 게송), 인식·언어의 진위(313 게송), 붓다의 전지자성(523 게송)이라는 세 가지 논제에 관해 다르마키르티의 방침에 따르는 가운데 쿠마릴라 비판에 특히 많은 게송을 할당한다. 세 가지 논제는 모두 다 쿠마릴라가 본격적인 논의의 틀을 정비한 것이며, 성전·성자라는 종교 권위에 관계되는 뜨거운 쟁점이다.

불교와 브라만교의 대립

인도 사상을 쿠마릴라와 다르마키르티를 축으로 바라보고자 하는 견지는 니야야 논리학자 자얀타(840~900년경)의 주저 『논리화방論理花房, Nyayamanjari』에서도 확인할 수 있다. 자얀타는 원인 총체라는 다르마키르티 유의 견해를 전면적으로 그의 인과론에 채택함과 동시에 니야야에서는 논의되지 않았던 문의론文意論 ─

성전 해석학에 대해서는 가장 중요한 논의 가운데 하나이다—
을 니야야 전통에도 받아들였다. 또한 창조·존속·귀멸歸滅을 관장
하는 주재신(이슈바라)에 관해 부정의 입장을 취하는 쿠마릴라(성
전 해석학은 베다를 비인위적이고 상주적이라고 간주한다)와 무신
론자 다르마키르티의 예외적인 공동전선에 대해 베다 작자로서의
주재신이라는 역할에도 주의를 기울이면서 니야야의 입장에서
주재신 논증의 논진을 펼친다.

그리고 여러 학파·여러 종파의 자리매김(일종의 교상판석教相判
釋)에도 주의를 기울여 베다 성전을 중심으로 한 브라만교 학파들
가운데 미망사와 더불어 니야야학파를 자리매김하고, 불교 등의
베다 비판으로부터 성전을 적극적으로 옹호하는 논리(토론술을
포함한다)로서 독립적인 지위를 확보했다. 그는 시바교·비슈누교
를 비–베다의 종교, 불교·자이나교·상키야(요가를 포함한다)를
반–베다의 교학, 독립된 종학宗學이라고 부를 만한 가치가 없는
저속한 유물론이나 컬트를 가장 저변에 배치한다. 최종적으로
그는 '모든 교전(아가마)은 옳다'고 하는 일종의 종교 다원론을
내세웠다. 또한『논의법論議法』에서의 다르마키르티의 날카로운
비판을 받고서 니야야의 토론술을 전통에 입각하여 옹호했다.

날란다와 더불어 불교 승원으로서 이름 높은 비크라마실라
사원의 육현문六賢門 가운데 한 사람인 즈냐나슈리(1000년경)는
니야야 학자인 바사르바즈냐 외에도 성전 해석학자인 수차리타(10
세기 전반경), 브라만교 여러 학파에 주석을 남기고 종합적인

	불교	미망사	니야야
400	바수반두		
			바츠야야나
500	디그나가		
			우디요타카라
600	다르마키르티	쿠마릴라	
700		만다나	
	샨타라크시타		
	다르모타라		
800	프라즈냐카라		트릴로차나
		샬리카나타	자얀타
900		수차리타	바사르바즈냐
	라트나카라샨티	바차스파티	
1000	즈냐나슈리		
1100			우다야나
1200			강게샤

학풍으로 알려진 바차스파티를 비판한다. 또한 현재는 저작이 흩어져 없어진 니야야 학자(샹카라스바민, 비토카, 트릴로차나)에 대해서도 언급한다. 존재의 찰나멸성·추론의 전제가 되는 편충遍充 관계·개념론(타자의 배제)·주재신과 같은 주제를 그는 다룬다. 특히 인식 안의 형상의 유무(진실·허위)를 둘러싸고 같은 비크라 마실라 사원에 속하는 사대문수四大門守의 상좌 라트나카라샨티와

논쟁을 펼치고 있다.

지각에 의해 마음에 현현하는 파란색 등의 형상이 인식 그
자체와 동일체로서 인과적으로 참으로 존재하는지 아니면 단순히
날조된 것으로서 허위·허구인지라는 견해의 차이는 선행하는
프라즈냐카라(775~840년경)와 다르모타라(740~8080경) 사이에
서도 보였다. 이 논쟁은 오래전으로는 호법護法(530~561)과 안혜安慧
(480~555년경)의 이른바 '유상有相·무상無相'의 대립으로 거슬러
올라간다. 쿠마릴라를 뒤따르는 성전 해석학자 만다나(660~720년
경)는 착오론의 관점에서 두 학설을 '인식 그 자체의 현현'과
'비유非有의 현현'으로 정리하고 있다. 만다나의 영향은 프라즈냐
카라에서 두드러진다. 그는 다르마키르티에 대한 주석인 『인식수
단평석장엄認識手段評釋莊嚴』에서 만다나가 도입한 착오론의 용어를
사용하는 것 이외에 서두에서는 미망사의 문의론(명령론·사역
작용론)을 불교의 이론서에는 어울리지 않을 정도로 자세히 논의
하고 있다.

『니야야경』에 대한 바츠야야나 주·우디요타카라 복주復註 위에
서 복복주를 저술한 바차스파티에 이어지는 복복복주 작자인
우다야나(1050~1100년경)는 독립 저작에서의 치밀한 주재 신 논증
과 아트만 논증으로 불교로부터의 비판을 물리치고, 브라만교에
서의 유신론·유아론을 집대성했다. 베다 성전의 제사부祭事部와
지식부知識部(우파니샤드)를 정합성을 지니고서 통일적으로 해석
할 것을 시도한 만다나(『명령 변별』, 『브라흐만 논증』 등), 종합적

학풍의 바차스파티(만다나의 두 저작에 대한 주석 등), 날카로운 논리로 알려진 우다야나라는 디딤돌적인 학문 전통의 계보는 강게샤(12세기 후반경)에게서 시작되는 신니야야학파에 미치는 영향을 고려할 때 특히 중요하다. 바차스파티는 명령론에서 본 줄거리에서 벗어난 상세한 불교 비판(찰나멸·전지자·인식의 참·형상)을 담아내고 있다.

또한 강게샤가 주요한 논적으로 하고, 불교가 쇠퇴한 후 신니야 야학파가 언제나 논적으로서 등장시키는 미망사 프라바카라학파의 주요 인물로서 특히 중요한 것이 샬리카나타(9세기 후반경)이다. 바이셰시카의 존재론으로도 통하는 성전 해석학자 샬리카나타는 무소연설無所緣說(인식은 대응하는 외계 대상을 결여한다는 불교 학설)·착오론·보편·인식 수단(지각·추론·성전·유비·가설적 추론·인식 수단의 무 등)·어의 관계·개아個我·음소의 상주성·찰나멸·문의론을 철학적 화제로 다루고 있다.

논사들의 연대

이 논고에서는 연대 특정이 어려운 인도 철학사 가운데서도 중국·티베트와의 관계 등으로부터 연대 정립이 비교적 쉬운 불교의 여러 논사들을 축으로 하여 기원후 5~12세기의 인도의 인식론·존재론·의미론·논리학의 전개를 '인도의 형이상학'으로서 추적한다. 괄호에 붙인 논자들의 연대는 상대적인 관계를 보여주기 위한 잠정적이고 편의적인 것임을 미리 말해둔다.

2. 실재를 둘러싼 물음

존재론의 두 조류

인도 철학의 존재론으로서는 아비달마처럼 감각 기관과 대응시켜 세계의 구성 요소를 분류하는 18계(색성향미촉법^{色聲香味觸法}, 안이비설신의^{眼耳鼻舌身意}, 안식^{眼識}·이식^{耳識}·비식^{鼻識}·설식^{舌識}·신식^{身識}·의식^{意識})나 바이셰시카의 6원리(실체·성질·운동·보편·특수·내속)처럼 수평적으로 밋밋하게 요소들을 분류하는 계통과, 순수 정신과 근본 물질을 대립시키는 상키야 이원론처럼 '일원^{一元}에서 다원^{多元}으로의 전개'라는 창출론에 '미세^{微細}에서 조대^{粗大}로'라는 상하 계층의 관점도 포함하면서 순수 정신·근본 물질·통각 기능·자아의식·의관^{意官}·다섯 감각 기관(귀·몸·눈·혀·코)·다섯 운동 기관(입·손·발·항문·생식기)·다섯 미세 요소(음·촉·색·미·향)·다섯 원소(허공·풍·화·수·지)의 25원리를 인정하는 두 가지 계통이 있다. 창조신을 최상위에 두는 신학 체계와 궁합이 좋은 것은 상키야적인 시각이다. 예를 들어 시바교 신학은 상키야의 25원리를 확장하여 보통 36원리를 인정한다.

존재론은 세속 수준에 한정하여 말하면 역사적으로 변화가 적은 분야이다. 후대에 몇 개의 실체(예를 들어 어둠이나 능력)를 추가해야 하는지 아닌지 등등을 둘러싸고 논쟁이 어느 정도 있긴 하다. 다른 한편 신학적 수준에서는 일원을 논의하는 가운데 존재들을 궁극적으로 무엇으로 환원할 것인지에서 의견이 나누어진다. 예를 들어 자얀타는 일원론을 기술하는 가운데 브라흐만 불이일원론不二一元論·언어 브라흐만 불이일원론·인식 불이일원론을 다룬다. 마지막 것은 유식설唯識說을 가리킨다. 디그나가가 『삼시고찰三時考察』에서 문법학자 바르트리하리의 기술을 그대로 복사하여 '언어 브라흐만'을 '인식'으로 바꿔 쓰고 있는 것은 언어 브라흐만과 인식이 일원으로서 같은 위치를 차지할 수 있다는 것을 멋지게 보여준다. 또한 유식의 이론들(예를 들어 인식이 스스로 빛을 낸다고 하는 자기 광휘의 이론)이 베단타 신학이나 시바교 신학으로 흘러 들어가는 것은 그 본래의 궁합이 좋다는 것을 이야기하고 있다.

원자론과 부분·전체

오관의 대상과 심리적 요소의 분류에 심혈을 기울이는 아비달마에게도 원자론이 받아들여져 있듯이, 지각 불가능한 극소 단위로서의 원자(극미)는 바이셰시카의 존재론에 서는 브라만교와 아비달마의 존재론에 서는 불교의 대립된 논의에서는 일반적인 전제로서 인정되고 있다. 바이셰시카에서는 9개의 실체(지·수·화·풍·허공·시간·방위·개아·의관) 가운데 지수화풍의 4원소에 대해 원자를 인정한다. 나머지 실체인 허공·시간·방위·개아(아트만)는 극대이자 편재한다. 개아인 아트만은 편재하면서도 특정한 신체에 한정됨으로써 그 작용은 한곳에 치우쳐지게 된다.

다른 한편, 개인에 속하며 작용하는 의관(마나스)은 극소 즉 원자 크기이다. 오관이 '외적 기관'이라고 불리는 데 반해 '내적 기관'이라고도 불리는 의관은 바이셰시카와 니야야에서는 오관과 개아를 연결하여 인식을 낳을 때의 스위치 역할을 하며, 의식 집중을 설명하는 것으로 되어 있다. 그러나 이론적 요청에서 생겨나는 그 밖의 역할을 때맞추어 짊어질 수도 있다. 불교에서도 의관의 역할은 한 가지가 아니다. 교학 체계가 요청하는 슈퍼서브의 역할을 때맞추어 짊어지는 것으로 되는 까닭에 보통 방법으로는 다루기 힘든 복합적인 개념으로 된 것이 실정이다.

바이셰시카의 존재론에서 전체와 부분은 '전체가 부분들에 내속한다'라는 내속 관계에 놓여 있다. 예를 들어 천과 실은 천이 실에 내속하는 관계에 있다. 다만 양자는 서로 나누기 어렵게 관계하고 있긴 하지만, 어디까지나 다른 존재이다. 전체의 실재성을 인정하지 않는 불교처럼 전체가 부분들로 완전히 해소되는 것은 아니다. 불교와의 논쟁에서 전체와 부분을 완전히 다른 것으로 하는 존재론에서 어려움을 본 쿠마릴라는 존재로서 동일하면서도 인식에서는 명확히 구별되는 것에 관해 '구별되는 동시에 구별되지 않는'다고 하는 다면적 관점을 취하는 자이나교에 다가선 견해를 채택하기에 이른다.

　다른 한편, 뒤를 잇는 많은 인도 철학자에게 있어 언제나 참조점이 되는 문법학자 바르트리하리는 부분의 실재성을 인정하지 않고 전체만이 실재한다고 보는 견해를 일관되게 취한다. 예를 들어 바르트리하리에게서는 문장만이 참으로 실재하는 — 그리고 현실에서 사용되는 — 말이며, 단어나 음소와 같은 것은 나중에 학자가 추출한 개념 구축물일 뿐이다. 궁극적으로는 말 브라흐만이라는 일원만이 참으로 있다. 어의들로 이루어진 현상 세계는 전의적으로만 '있다'라고 말할 수 있는 것이다.

보편 논쟁과 아포하론

　실체·성질·운동의 세 가지 분류를 기초로 하는 바이셰시카적인 존재 분류는 명사·형용사·동사의 세 가지 분류에 대한 착상의 뿌리를 지닌다. 인도 철학의 일반적인 경향으로서 문법학이라는 언어의 학문이 여러 철학의 아이디어의 근원이 되었다는 점에 대해서는 주의해야 한다. 파니니(기원전 380년경)의 학통을 잇는 문법학자 파탄잘리(기원전 150년경)의 『대주해』나 바르트리하리의 저작이 중요한 까닭이다. 문체나 용어 수준에서도 그 광범위한 영향은 쉽게 확인할 수 있다.

　다른 한편, 모든 개물에 공통된 보편(쟈티)의 실재성을 둘러싸고서는 그것을 인정하는 브라만교 여러 파와 제행무상諸行無常을 표방

하고 상주하는 실재를 인정하지 않는 불교 사이에서 격렬한 논쟁이 계속된다. 디그나가는 '소' 등등의 말의 대상으로서 소임과 같은 보편이 아니라 소 아닌 것의 배제라는 차이를 내세운다. 요컨대 보편과 같은 실재하는 공통성을 인정하지 않고 그 대신 타자의 배제(안야 아포하)를 '소'라는 말의 의미로서 내세운다. 디그나가 에게 있어 '소'라는 말이 가리키는 것은 소가 아닌 것이 아니라는 것이다. 차이(다른 것과의 다름)를 의미로 하는 견해는 문법학파의 문의론(예를 들어 '검은·깨'라는 합성어의 의미에 대한 논의)에서 도 이미 인정된다. 디그나가는 이를 받아들여 그에게 특유한 어의 론으로서 승화시킨 것이다. 더 나아가 그는 이것을 개념론 일반으 로도 확장하고, 추론 등의 유분별지有分別知(언어적 개념 구상을 포함하는 인식)의 대상을 모든 타자의 배제라고 한다.

　어의론·개념론인 아포하론은 디그나가 이후 계속해서 브라만 교와의 쟁점 가운데 하나이며, 이론적으로도 심화·발전을 이룬 다. 또한 불교 내부도 결코 하나의 통반석이 아니다. 쿠마릴라의 디그나가 비판을 이어받아 다르마키르티는 의미론뿐만 아니라 존재론·행위론의 관점에서도 아포하론이라는 개념론을 근거 짓고자 한다. 결과적으로 형상을 진실로 여기는 경향이 분명해진 다르마키르티나 직계 후계자의 아포하론은 형상을 허위라고 하는 다르모타라에 의한 수정·비판을 받게 된다. 자얀타는 불교 설로서 두 학설을 함께 적는다. 무형상·유형상 양설의 대립은 인도 불교 마지막 시기의 라트나카라샨티와 즈냐나슈리에 이르기까지 계속된다.

3. 인식론

프라마나(인식 수단)적 전회

디그나가에 의한 『인식 수단 집성』의 장 구성 — (1) 지각, (2) 자기를 이유로 한 추론, (3) 타자를 이유로 한 추론, (4) 유례^{喩例}, (5) 타자의 배제, (6) 토론에서의 궤변적인 응수 방식 — 은 다르마키르티를 통해 이후의 인식론에 커다란 영향을 준다. 동시에 그것은 디그나가 이전의 인도에서의 논증과 토론술의 오랜 전통이 인식 수단(프라마나)이라는 틀 아래 짜 넣어졌다는 것을 상징한다. 연기에서 불을 추론하는 머릿속의 과정과 토론에서의 '음성은 무상하다. 만들어진 것이니까. 항아리처럼'이라는 말에 의한 논증을 디그나가는 같은 형식의 인식 과정으로 간주하고, 전자를 '자기를 이유로 한 추론', 후자를 '타자를 이유로 한 추론'이라고 부른다. 또한 '소' 등등의 말의 대상으로서 보편(소임) 대신 타자의 배제(소아닌 것의 배제)를 내세운다. 그에 따르면, 언어 역시 타자를 이유로 한 추론과 마찬가지인바, 다름 아닌 증인^{證因}(소작성^{所作性}· '소'라는 말)으로부터 타자의 배제(상주적인 것의 배제·소 아닌 것의 배제)를 통해 공통상^{共通相}(무상성^{無常性}·소 일반)을 떠올리게

하는 과정이다. 또한 디그나가는 토론에서의 궤변술을 의사 논증·의사 논란으로 처리함으로써 추론의 논의 아래로 짜 넣는다.

추론의 전제가 되는 편충 관계

추론에서는 '저 산에 불이 났다. 연기가 나기 때문이다. 아궁이처럼', '음성은 무상하다. 만들어진 것이니까. 항아리처럼'이라는 식으로 아궁이나 항아리와 같은 잘 알려진 유례가 필요하여 수반되어 왔다. 아궁이를 예로 하여 산의 불을 유추하는 것이다. 바수반두는 단순한 유추를 벗어나 '불이 없으면 연기는 결코 없다'라는 관계를 '(소증所證이) 없으면 (논증인論證因도) 없는 관계'라고 부르며, 논증인은 그와 같은 관계를 지니지 않으면 안 된다고 분명히 말한다. 디그나가 이전에 확립되어 있던 논증인의 세 가지 조건(인因의 삼상三相)을 더욱 다듬어내 디그나가는 (1) 연기가 산의 속성이라는 것, (2) 불이 있는 곳에만 연기가 있다는 것, (3) 불이 없는 곳에 결코 연기가 없다는 것을 세 가지 조건으로 했다. 그리고 불과 연기의 관계를 불이 있는 영역과 연기가 있는 영역의 넓고 좁은 공간 이미지로 바꾸어 놓고서 벤다이어그램적으로 불에 의해 연기가 퍼져 간다는 의미에서 '(불에 의해 연기가) 편충遍充되어 있는 것'이라고 표현했다. 이후 인도 철학에서 필연성이라는 일반 법칙을 지시할 때는 디그나가의 '편충'이라는 술어가 일반적으로 된다. 그 밖에 '(불에 의해 연기가) 한정된 것'이라는 표현도 보인다. '편충'이라는 디그나가 발상의 근원은 한정사인 '만'의 용법이다.

보편 실재론자인 쿠마릴라에게 편충 관계에 대한 설명은 쉽다. 그는 일반 법칙의 학습 방법을 '여러 번 보는 것'이라고 표현한다. 여러 번 경험함으로써 연기임과 불임이라는 보편 사이의 일반적인 관계가 이해된다는 것이다. 다른 한편, 보편을 인정하지 않는 디그나가에게 있어 편충 관계의 학습을 설명하기는 쉽지 않다. 그는 긍정적인 학습 방법을 포기하고 부정적인 학습 방법에 호소한다. 거기서 등장하는 장치가 '지금까지 본 적이 없다'라는 무지각 (미지각·무파악)이라는 개념이다. 그러나 '지금까지 여러 번 보아 왔기 때문에 (다음에도 그렇다)'라는 경험에 근거한 추론과 마찬가지로 '지금까지 결코 보지 못했기 때문'이라는 경험한 적이 없음에 근거한 추론도 미래·현재·과거에 걸친 개물 모두를 커버할 수 없는 이상, 결국은 경험주의적일 수밖에 없으며, 100%의 정확성을 가지고서 추론의 올바름을 보증하는 것이 아니다. 가쓰라 쇼류桂紹隆는 디그나가의 편충 관계를 가리켜 '그것은 다른 종류 또는 다른 종류 집단에서 반례가 발견되지 않는 한에서 타당하다는 일종의 "가설"이다'라고 평가한다(가쓰라 쇼류桂紹隆, 『인도인의 논리학インド人の論理学』, 中公新書).

쿠마릴라의 이미 경험한 것과 디그나가의 경험한 적이 없는 것에 공통된 경험주의의 한계를 다르마키르티는 날카롭게 찌른다. 다르마키르티는 불과 연기의 객관적인 인과 관계야말로 추론의 기반에 놓여 있다고 이야기한다. 또한 음성의 무상성과 소작성의 경우에는 같은 음성을 존재 기반으로 하는 양자 가운데 논증인(소작성)이 소증(무상성)을 본질로 하는 것(소작성이 무상성 없이는 있을 수 없는 것)이 객관적인 기반이라고 이야기한다. 그는 이러한 두 가지 기반을 '자성自性이 속박되어 있는 것'이라고 부르고, 그것이야말로 논증인이 지녀야 할 제2·제3의 조건 뒤에 놓여 있는 원리라고 갈파한다. 결과적으로 다르마키르의 논리학은 따라서 유례喩例의 속박으로부터 본질적으로 해방되게 된다. 유례를 필요로 하지 않는 추론은 후에 라트나카라샨티의 『내편충론內遍充論』에서 전면적으로 주장되기에 이른다.

다른 한편 선행하는 디그나가는 논증인(예를 들어 연기)이 만족시켜야 할 편충 관계를 예증하는 것으로서 같은 종류의 예(불이 있는 것이 잘 알려진 아궁이)와 다른 종류의 예(불이 없는 것이 잘 알려진 호수)로 이루어진 유례를 진술하는 것이 필수라고 생각했다. 또한 그는 논증인의 제2조건과 제3조건의 논리적인 중복(환질환위)에 대해서도 깨닫고 있었다. 그러나 전통적인 학설을 완전히 포기한 것은 아니고 타협적인 설명을 제시한다. 또한 다르마키르티도 주석 대상인 선현 디그나가를 명시적으로 비판하는 것이 아니라 디그나가의 뒤를 잇는 이슈바라세나의 해석을 비판하면서 디그나가의 '진의'를 설명하는 체재를 취한다. 표면적으로는 전통을 지키면서 환골탈태를 꾀하고 자기의 학설을 논증하고 다른 학설을 비판하는 것을 멋들어지게 읽어 들이는 묘기야말로 주석자인 일류 철학자의 솜씨를 보여주는 장면이다. 이 같은 모습은 특이한 학설을 끌어내 보이는 주석의 주석자 프라즈냐카라에게도 그대로 들어맞는다.

불교 논리학과 인식론에서 주의해야 하는 것은 세속에서는 외계 대상의 실재성을 인정하는 경량부經量部의 입장에 서지만, 승의勝義에서는 외계 대상의 실재성을 부정하고 (형편에 맞추어) 유식唯識의 입장에 서는 것이다. 쿠마릴라도 그 편의주의를 비판한다. 추론도 세속 내에서 일관되게 '어긋남이 없게' 된다면, 그것으로 좋다는 것이 불교 논리학자의 속마음이다. 그들에게 추론이라는 개념적인 앎은 참된 의미에서 옳은 것은 아니다. 추론적인 앎은 대상 그대로에서는 본래 없다. 그런 의미에서 본질적으로는 착오를 범하고 있다. 단지 세상에서 잘 기능하고 실제로 도움이 되기 때문에 '올바른 인식의 수단'으로 인정될 뿐이다. 디그나가도 그러한 한계에서는 의식적으로 말의 사용법에 관해 그것이 옳은지 아닌지는 추궁하지 않고 단지 세상에 순종할 뿐이라는 태도를 표명한다. 디그나가나 다르마키르티는 유식설과의 정합성에 주의하면서도 기본적으로 경량부에 입각하여 인식론을 짜 맞추지만, 프라즈냐카라는 좀 더 유식의 입장을 강조하면서 인식론을 고쳐 설명한다. 유식의 인식 일원론에서는 궁극적으로 외계에 성립하는 불과 연기의 인과 관계조차 성립하지 않는다. 있는 것은 순간순간마다 생멸하고 스스로 빛나는 인식뿐이다.

진리론과 반증 가능성

디그나가에 의한 편충 관계의 확립 방법은 본질적으로 '반례가 보이지 않는다'(지금까지 보이지 않았다)라는 무지각·미경험에 입각하는 것이었다. '보이지 않으면 없다', '어떠한 인식 수단에 의해서도 경험되지 않는다면 그와 같은 대상은 존재하지 않는다'라는 (안이한) 태도는 '보이지 않는다고 해서 없다고는 말할 수 없다'라는 비판을 철저히 하는 다르마키르티 이전의 인도 철학에서는 일반적으로 보이는 것이다. 쿠마릴라는 여섯 번째 인식 수단으로서 '그 밖에 다섯 가지 긍정적인 인식 수단의 없음'을 꼽고, 지각·추론·증언 등 어떠한 긍정적 증거도 없으면 해당 대상(예를 들어 땅 위에 있어야 할 항아리)의 없음이 인식된다고 했다. 또한 그는 인식의 참에 대해서도 마찬가지 태도를 관철한다. 인식에 문제가 없으면 그 인식은 옳다는 것이 그의 기본적인 입장이다.

우선 쿠마릴라에게 있어 절대적으로 참이어야 할 베다 성전은 언제나 머물러 있으며, 작자가 없는 비인위의 텍스트이다. 따라서 니야야처럼 '신뢰할 수 있는 자(주재신)에게서 나타난 까닭에 베다 성전은 옳다'라는 적극적인 증명 방법은 처음부터 거부되고 있다. 그래서 그는 말과 인식의 참(옳음)이 다른 것에 기초하고 있는 것인지 그렇지 않은 것인지를 일반적으로 묻는 것에서 시작한다. 시각 원인으로부터 안식眼識이 생길 때, 인식의 참이라는 성격도 동시에 짜 넣어져 있으며, 참이기 위해 부가적인 원인(예를 들어

눈이 뛰어나게 좋음)을 필요로 하지 않는다는 것이 존재론적인 의미에서의 자율적 참이다. 인식은 생겼을 때 이미 참이라는 원칙적 성격을 부여받고 있다. 그와 같은 원칙적인 성격은 눈에 황달이나 백내장 등의 문제가 있는 경우에는 예외적으로 부정된다.

또한 인식론적 의미에서도 참은 자율적이며 다른 것에 의존하지 않는다. 쿠마릴라는 인식 ①의 옳음을 인식 ②에 의해 확인해야만 한다면, 인식 ②의 옳음도 인식 ③에 의해 확증될 필요가 있는 것으로 되어 무한 퇴행에 빠진다고 지적한다. 정초주의가 빠지는 잘못에 대한 지적이다. 또한 인식 ③이 그 자체에서 자율적으로 옳다고 인정하게 되면, 그러면 인식 ①이 스스로 옳다는 것을 인정하지 않는 것은 왜인가 하고 쿠마릴라는 묻는다. 결국 타율적 참에 서 있는 논자도 어딘가에서 자율적으로 참인 인식을 인정하지 않을 수 없다.

이처럼 쿠마릴라는 타율적 참의 입장이 지니게 되는 검증의 무한 퇴행의 잘못을 지적함으로써 모든 인식이 자율적으로 옳다(다른 것에 의해 확증될 필요는 없다)고 하는 입장을 확립한다. 다만 그것은 인식에서 문제 — 인식 원인의 문제 발각·후속 인식에 의한 선행 인식의 부정 — 가 보이지 않는 경우이다. 두 종류의 예외적인 문제가 발견되지 않는 한에서 그 인식은 원칙적으로 '스스로 옳다'는 것이 그의 주장이다.

'실제로 발생하지 않았음에도 불구하고 선행 인식을 부인하는 인식을 무지로 말미암아 공상하는 사람은 일체의 영위에서 의심의

덩어리가 되어 파멸에 빠지게 될 것이다'라고 쿠마릴라는 반증 가능성의 기우를 실용적인 입장에서 경계한다. 반증 가능성의 의심은 설령 그렇다 하더라도 세 번까지로 끝내야 한다고 하는 쿠마릴라는 세 단계로 판결이 내려지는 재판의 비유를 끄집어낸다.

이에 대해 다르마키르티는 '지금까지의 인생에서 반증이 보이지 않았다고 하더라도, 그것이 있을지도 모른다는 의심이 없어지는 것은 아니다'라고 반증 가능성의 의심이 없어지지 않는다는 것을 날카롭게 지적한다. 쿠마릴라처럼 경험주의적인 입장에 서게 되면, 다르마키르티의 비판에서 벗어날 수 없다. 쿠마릴라에게 비현실적인 반증의 공상은 나쁜 기우였지만, 다르마키르티에게는 오히려 예지의 징표이다.

착오론의 범위

유식에서 말하는 삼성설三性說의 체계에 따라 디그나가는 인식의 단계로서 (1) 승의유勝義有를 직관하는(예를 들어 일체를 무상·고苦·무아 등으로 파악하는) 요가 행자의 지각, (2) 인과적으로 실재하는 순간적인 개물을 포착하는 지각(무분별지無分別知), (3) 가설적으로 존재한다고 생각되는 것에 대한 개념적인 인식(유분별지有分別知)이라는 세 가지를 상정한다. 유분별인 까닭에 본질적으로 착오를 저지르는 (대상 그대로가 아닌) 마지막 인식은 더 나아가 (3A) 과거의 경험에 근거한 추론·상기 등, (3B) 지각에 뒤이어서 '항아리', '소' 등의 일반적인 상을 개념적으로 포착하는 세속유世俗有의 인식, (3C) 밧줄을 뱀으로 잘못 보는 착각이나 꿈 등의 착오지錯誤知라는 세 가지로 나뉜다. 브라만교 여러 파가 무분별의 지각에 뒤이어지는 유분별의 인식(3B)도 지각의 일종으로 인정하는 데 반해, 불교에서는 인정하지 않는다. 덧붙이자면, 이 분류에서는 분별을 포함하지 않는 비문증飛蚊症 등의 착각이 잘 처리될 수 없다. '분별을 떠나 있다'라는 지각의 조건에 더하여 주석자 다르마키르티가 '착오를 저지르지 않는다'라는 조건을 덧붙이는 까닭이다. 또한 공화空華나 토끼 뿔 등은 절대무로 여겨지며, 현실적으로 인식 내에 이미지를 전혀 만들어내지 않는 것의 예로 사용된다.

인식 수단을 지각과 추론의 두 가지로 한정하는 불교 인식론의 주제는 (2)와 (3A)라고 하는 것이 된다. 그러나 디그나가의 저작군을 보면 그가 광범위한 주제를 이 잣듯이 샅샅이 다루고 있다는 것을 알 수 있다. 밧줄을 뱀으로 잘못 보는 착각의 경우, 뱀은 (3B)의 차원에 있다. 세간적으로 있다고 여겨지는 것은 (3B)의 밧줄이다. 그러나 아비달마적인 요소 환원론에서 보면, 개물로서 실재하는 것은 밧줄을 구성하는 요소들뿐이다(2). 그러나 유식의 관점에서는 인식만(1)이 실재한다.

유식설은 꿈 등의 착오지(3C)를 예로 취하여 지각도 포함한 보통 사람들의 인식 모두(2·3A·3B)가 착오를 저지르고 있다는 것을 폭로한다. '모든 인식은 대상을 결여하고 있다(무소연無所緣이다). 인식이기 때문이다. 꿈처럼'이라는 불교의 논증식을 쿠마릴라는 비판한다. 또한 쿠마릴라는 형상을 지니는 것은 외계 대상이지 인식이 아니라고 논의한다. 외계 대상과 서로 닮은 형상이 인식 안에 던져 넣어진다는 경량부설經量部說 및 선행 경험이 남긴 잠재 인상(기억)에 의해 인식 안에 형상이 산출된다고 하는 유식설을 비판하는 것이다.

일원론에 서 있는 신학이나 유식설은 세간 일반에서 옳다고 여겨지는 지각이나 추론도 포함하여 보통 사람의 인식이 본질적으로 착오를 저지르고 있다는 것을 꿈과 착각을 예로 들어 폭로한다. 성전 해석학자 만다나는 『착오 변별』에서 착각(예를 들어 반짝반짝 빛나는 진주 모패를 은으로 잘못 보는 것)에서 무엇이 나타나고 있는지에 대해 각 학파의 설을 정리한다. 불교 내의 유형상 인식론 (진실 형상론) 계보는 인식 그 자체가 은으로서 나타나고 있다고 한다. 인식 형상에 은임을 위탁한다는 점에서 인식은 착오를 저지르고 있다. 다른 한편 무형상 인식론(허위 형상론) 계보는 인식에서 나타나는 은은 단순한 허구에 지나지 않는다고 한다. 인식 형상 위에 은임을 올려놓는 위탁의 구조를 그들은 거부한다. 꿈에 나타나는 대상과 마찬가지로 아무런 토대도 필요로 하지 않고서 은은 나타난다. 그럼에도 불구하고 비유非有이다. 결과적으로 다른 파로부터는 토끼 뿔 등의 절대무와의 차이는 무엇인가라고 힐문당하게 된다.

다른 한편, 인식은 무소연일 수 없으며 반드시 대응물을 가진다고 믿는 브라만교 여러 학파는 착오를 저지른 인식에도 대응하는 실재가 있다고 강변한다. 미망사 프라바카라학파는 진주 모패의 지각과 은의 상기라는 두 가지 인식이 구별되지 않으며, 뒤죽박죽 되어 있을 뿐이라고 한다. 한편 미망사 쿠마릴라학파와 니야야는 이전에 경험한 은의 형상이 기억을 통해 다른 형태로 진주 모패 위에 나타나 있으며, 장소와 시간의 조합이 잘못되어 있을 뿐이라고 한다. 은 그 자체는 꾸며낸 것이 아니라 이전에 어딘가에서 경험된 것이다. 쿠마릴라는 꿈 등의 경우에도 외계 대상은 부정되지 않으며 무언가의 외계 대상 — 장소와 시간이 다르다 — 이 인식의 대응물로서 있다고 한다. 만다나 자신은 환영을 유로도 무로도 단정할 수 없다는 견해를 채택한다. 이 설은 그 이후의 신학 형성에 깊은 영향을 미치게 된다.

☞ 좀 더 자세히 알기 위한 참고 문헌

— 하야시마 교쇼早島鏡正 외, 『인도 사상사インド思想史』, 東京大学出版会, 1982
년. 베다로부터 네오힌두이즘에 이르는 3,000년의 인도 사상사를 개관한
다.

— 히라카와 아키라平川彰 외 엮음, 『강좌·대승불교 9. 인식론과 논리학講座·
大乗仏教9. 認識論と論理学』, 春秋社, 1984년. 불교 논리학·인식론을 요령 있게
정리한 논고들은 귀중하다.

— 가쓰라 쇼류桂紹隆 외 엮음, 『시리즈 대승불교 9. 인식론과 논리학シリーズ大
乗仏教9. 認識論と論理学』, 春秋社, 2012년. 위에서 제시한 강좌의 후속 시리즈.
그 후의 연구 진전을 뒤쫓는다.

— 가지야마 유이치梶山雄一, 『가지야마 유이치 저작집 7. 인식론과 논리학梶
山雄一著作集7. 認識論と論理学』, 春秋社, 2013년. 불교학의 대가인 가지야마
유이치에 의한 인식론·논리학 관계의 논고를 모은 것.

— 아카마쓰 아키히코赤松明彦 역주, 『고전 인도의 언어 철학古典インドの言語哲学
(1·2)』, 平凡社, 1998년. 문법학자 바르트리하리의 주저 『문장단어편(바크
야파디야)』의 일역. 철학적 시사로 가득 찬 다양한 아이디어가 담겨
있다.

제10장

일본 밀교의 세계관

아베 류이치阿部龍一

1. 들어가며 ─ 우화로부터 철학사로

밀교의 기원을 보여주는 전승

석가모니 부처의 입멸 이후 몇 세기 후 인도에 용맹보살龍猛菩薩(용수보살龍樹菩薩을 밀교적으로 달리 부르는 명칭)이라는 위대한 종교인이 나타났다. 그는 중관中觀 철학을 수립하여 잘못된 불교 해석을 바로잡고 대승불교를 융성으로 향하게 했다. 그러나 아직 불교의 깨달음 그 자체를 보여주는 지상의 가르침을 만날 수 없었기 때문에, 그는 밤낮을 가리지 않고 우주적인 여래如來(법신불法身佛)의 진언眞言을 외치고 그 가호를 빌었다. 어느 날 남인도의 거대한 철탑을 순례했다. 그러자 법신 비로자나 여래가 그 무량무수한 분신인 부처 보살과 함께 넓은 하늘에 나타나 밀교의 가르침을 설파했다. 그 말의 하나하나는 여래의 입에서 나올 때마다 금빛으로 빛나는 문자가 되어 허공을 가득 채우는 경전이 되었다. 용맹은 상공에 펼쳐지는 방대한 경전을 서둘러 적었다. 이 경전의 가르침대로 그는 대탑 주위를 돌면서 법신불에게 염송念誦을 바쳤다.

그러자 일곱째 날에 이 철탑이 열려 용맹을 불러들였다. 그 내부는 하늘의 경전에 기술되어 있는 대로 무한한 넓이를 지닌 법신불의 법계심전法界心殿이라고 일컬어지는 우주적 궁전이었다. 그 왕궁을 채우는 시간은 흘러가는 것을 알지 못하며, 다만 거듭 쌓여가는 영원한 지금, '여래의 날'이라고 일컬어지는 시간이었다. 이 대탑 내부 왕궁의 무한하고 영원한 시공간이야말로 깨달음의 진실 그 자체였다. 이 탑 안에서 법신불의 가르침인 밀교의 선정법禪定法을 익히고, 법신불과 동등한 깨달음의 경지를 얻을 수 있었다. 그 선정을 얻기 위한 의례 실천법도 하늘의 경전에 기술된 대로의 것이었다. 그것을 체득하자 용맹은 대탑을 나와 인간 세계로 돌아갔다(구카이空海 지음, 「비밀만다라교부법전祕密曼荼羅教付法伝」, 권1, 권2).

철탑이 상징하는 것 — 우화(비역사)와 철학사의 결부

이것은 일본에 비로소 본격적으로 밀교를 전한 구카이가 대당 제국의 수도 장안의 청룡사에서 스승인 혜과아도리惠果阿闍梨(746~805)로부터 밀교를 배울 때 이어받은 밀교의 역사적 발단에 관한 전승이다. 구카이에 따르면 그의 밀교 전통을 뒷받침하는 양대 경전인 『대일경大日經』(대비태장大悲胎藏 만다라의 기본 경전)도 『금강정경金剛頂經』(금강계金剛界 만다라의 기본 경전)도 모두 용맹이 대탑의 상공에 나타난 신성한 문자를 베껴 쓴 것이다. 그 경전에 쓰여 있던 실천법을 용맹은 탑 내부의 법계궁法界宮이라고 일컬어지는 불가사의한 시공간에서 배워 익혔다. 그에 의해 밀교가 세상에 널리 퍼지기 시작했다.

거대한 철탑 내부가 무한한 시공간이었다는 것으로부터도 이 전승의 의미는 역사적인 사실로서 해명될 수 있는 것이 아니다. 왜냐하면 이 전승이 뛰어난 '우화' — 개별적인 역사적 사실보다 더 보편적인 상징을 비유로서 보여주는 이야기 — 이기 때문이다. 불교 일반에서 탑은 붓다의 신체를 표상한다. 그 안에 사리(석가여래의 신체적인 신성한 유물)를 안치하는 전통도 이 상징성에 따른다. 법신불의 경우는 그 신체가 전 우주 그 자체이다. 그것을 근거로 하면, 용맹의 철탑이 상징하는 것의 사상적 기반을 그 탑의 내부도 외부도, 요컨대 법신 여래의 신체 내부(법계궁)와 외부(전 우주)도 똑같이 밀교적인 언어로 성립하고 있다고 요약할 수 있다.

전 우주가 지고의 경전이며 세계의 삼라만상을 그 경전의 문자로 읽을 수 있다고 밀교의 세계관을 집약하는 것은 가능할 것이다.

구카이가 살아간 시대에 인도, 실론섬, 중앙아시아, 인도차이나 나라들, 자바, 중국, 나아가 일본으로 전파되어 이러한 광범위한 지역들의 문화에 녹아들면서 다양한 확산을 보여주는 밀교의 전통들이 그 근저에서 공유하고 있던 사상을 이 전승에서 찾아볼 수 있다.

2. 구카이가 살아간 시대와 사회 — 문장경국의 시대

구카이의 밀교를 '세계철학사'의 견지에서 보기 위하여

밀교의 사상을 일본에 도입했을 뿐 아니라 아득한 후세에 이르기까지 계속해서 커다란 영향을 미칠 정도로 문화의 밑바닥 흐름에 침투하게 하는 데 성공한 것은 구카이空海(774~835)이다. 그가 '홍법대사弘法大師'로서 1,500년 이상에 걸쳐 계속해서 일본을 대표하는 종교적 아이콘으로서 — 아마도 쇼토쿠 태자聖德太子(574~622)와 그 인기를 양분하며 — 군림해온 것도 구카이가 밀교의 독자적인 세계관을 당시 일본 사회를 향상시키기 위해 필수 불가결한 것으로서 도입하는 데 성공했기 때문이다.

구카이가 살아간 시대 — 나라 시대의 양상을 짙게 남기고 있던 헤이안 천도(794)로부터 얼마 지나지 않은 헤이안 시대의 최초 시기 — 에 우세를 자랑한 것은 조정이 정치 이데올로기로 중시하고 율령이라는 법규 체계에 의해 실제적인 국정 실천에 중용되고 있던 유교였다. 구카이는 당시의 패권적 사상 세력이었던 유교에 밀교를 대치시키고, 그에 의해 유교를 부정하는 것이 아니라 그것을 밀교 속으로 포섭함으로써 새로운 사상적 질서를 형성하려고 했다. 구카이의 사후 1세기가 지나자 조정의 주요 의례가 밀교를 중심으로 하는 불교로 이루어지고, 황제의 칙서도 유교적인 천자天子로서의 담론으로부터 불교적인 전륜성왕轉輪聖王(윤왕)에 가치를 둔 서술로 크게 변화했다. 구카이가 그린 불교의 우위라는 구도가 중세 시기를 통해 조정에서도 막부에서도 정치의 기반으로서 실현되었다.

구카이를 '세계철학사'의 시야로부터 사상가로서 파악할 때 그의 가장 전율케 하는 업적은 동아시아 전역에서 처음으로 불교를 중심에 두고 유교가 그것을 보좌한다는 개념을 만들어냈을 뿐만 아니라 그것이 헤이안 초기 조정에서 실현될 수 있게 했다는 점이라고 할 수 있을 것이다. 그것이 가능해진 것은 구카이의 밀교 세계관이 유교의 그것보다 세련된 언어와 의례에 관한 이론을 가지고 있었기 때문이다. 종래의 진언종眞言宗이라는 일본의 한 종파를 개창한 인물이라는 종파 중심의 평가는 너무나 협소하며, 종파를 창립할 의지가 없었던 구카이의 역사적 사실과도 부합하지 않는다(아베 류이치阿部龍一, 「구카이의 텍스트를 재구축한다空海のテクストを再構築する」 참조). 아직도 계속해서 장례 불교에 의존하는 종파적 불교의 퇴조가 두드러진 현 상황에서

생각하더라도 그것은 시대에 뒤처져 구카이의 진가를 보지 못하게 하는 것이다.

유교가 우세를 차지한 문장경국의 시대

구카이가 살아간 시대를 한마디로 말하면 '문장경국文章經国의 시대'였다고 표현할 수 있다. 그것은 정치, 문예, 종교 등 사회의 다양한 분야에서 수나라·당나라의 영향이 가장 강했던 시대라고 할 수 있을 것이다. 구카이와도 친교가 깊었던 궁정인 오노노미네모리小野岑守(778~830)는 그가 감수한 『능운집凌雲集』(814년 성립)의 서문에서 위魏나라의 문제文帝의 말을 부연하여 '문장은 경국의 대업, 불후의 성사'라고 이 칙명으로 편찬된 시문집의 편집의도를 기술하고 있다. 뛰어난 문장을 지을 수 있는 것이 '경국', 즉 국가의 경영에 필수적인 행위이며, 명문을 만드는 것이야말로 그 인물의 이름을 역사상 불후의 것으로 만드는 훌륭한 행위라고 말하는 것이다.

여기서 말하는 '문장'이란 『논어』, 『대학』, 『중용』, 나아가서는 오경(시경, 서경, 역경, 예기, 춘추)으로 이루어지는 유교의 성전을 중심으로 그것들의 주석서 등, 이른바 '한적'에 쓰여 있는 중국의 역대 왕조사 등의 지식을 망라한 다음, 헤이안 왕조 궁정인에게는 외국어인 한문으로 글을 쓰는 것을 의미했다. 칙서나 법령을 작문하여 나라의 질서를 유지하고, 또한 왕조의 역사를 편집하여 위정

자의 지배를 정통화하는 등, 조정을 뒷받침하는 관료는 우선 뛰어난 문인일 것이 요구되었다.

경국적 경향은 관료 기구를 뒷받침하는 문장의 작문에 머물지 않고 문학 작품에도 미쳤다. 특히 한시인漢詩人으로서 이름을 올리는 것이 궁정인에게 요구되었다. 이 시대에 천황이 종종 조정에서 시연을 개최한 것도 결코 우연이 아니다. 유교에서는 천자가 한층 더 뛰어난 덕을 보여주고, 그 덕이 세계에 미치고 천자의 은혜에 궁정의 신하가 대표하는 인민이 충忠으로써 응답함으로써 세계의 질서가 유지된다고 여겨진다. 천황의 시연에서는 먼저 천황이 시를 지어 궁정인에게 선보이고, 그것에 신하 각자가 시를 헌상하여 대답하는 응제창화應制唱和가 이루어진다. 천황이 자신의 '덕'을 시적으로 발휘하고, 그것에 신하가 마찬가지로 시로 표현된 '충'으로써 응답함으로써 유교적인 인정仁政의 가장 이상적인 규범이 시연에서 시를 짓는 공동 작업으로서 실현되었다. 왕궁은 예(의례)에 의해 왕과 신하 사이의 가장 이상적인 관계가 실현되는 사회 전체의 규범이 되는 공간으로 여겨진다. 그 왕궁에서 행해지는 시의 교환이 형성하는 덕과 충의 순환이 천자의 덕치 — 덕이 세계로 퍼져 인민이 그에 덕화되어 충효를 다함으로써 사회가 다스려진다고 하는 정치사상 — 가 사회에 유통되는 올바른 도정을 만든다고 생각되고 있었다.

이 시대에 『능운집』을 비롯하여 『문화수려집文華秀麗集』(818년 성립), 『경국집經国集』(827년 성립) 등의 칙명으로 편찬된 한시집이

잇달아 성립한 것도 명문을 저술하는 능력이 치세를 위한 실리적 가치를 지닌다고 생각되었기 때문이다. 천황이 편집을 명령한 한시·한문집에 자신의 작품이 채택되는 것이 궁정인에게 있어 '경국', 요컨대 국정 운영을 감당할 수 있는 우수한 관리라는 것의 증명이기도 했다.

경국적 기관으로서 대학의 중요성

경국 시대는 또한 율령국가의 최고 학부였던 '대학'의 최전성기이기도 했다. 왜냐하면 조정의 식부성式部省 내의 대학료大学寮에 의해 관리된 '대학'이 조정을 뒷받침하는 엘리트 관료 양성기관이었던 것과 동시에 유교를 중심으로 한 '한학漢學' — 중국의 사상, 정치, 법정, 역사, 문화 일반에 관한 학문 — 의 전문적 연구기관이기도 했기 때문이다. 대학의 융성에는 역사적 이유가 있다. 나라 시대 중기에 도다이지東大寺 창건이나 일체경一切經 사경寫經 등의 국가사업을 추진한 쇼무 천황聖武天皇과 고묘 황후光明皇后로 대표되는 불교 중시 정책은 겐보玄昉(?~746) 등 유력한 승려의 정계 간섭을 허용하고, 또한 쇼무 천황의 딸인 쇼토쿠 천황稱德天皇(재위 764~770)이 황위에 오른 채 출가하여 비구니가 되었고, 쇼토쿠의 총애를 얻은 정승政僧 도쿄道鏡(700~772)가 출가자이면서 태정대신太政大臣 선사禪師에 임명되어 승려의 정계 진출을 공인하게 되었다. 그들은 유교적 정치 운영을 정통으로 하는 귀족 관료를 위협하는 세력이 되고, 율령 체제에 다양한 왜곡과 균열을 주어 그 붕괴로 나아가는 길을 열었다. 경국 시대란 그 반동으로서 유교적인 세계관, 가치관, 정치사상을 가장 중시하고 불교 세력을 봉쇄하며 율령 체제를 다시 세우기 위해 조정이 노력하던 시대였다.

간무 천황桓武天皇이 나라에서 멀리 떨어진 헤이안쿄로 천도를 단행한 큰 이유가 나라의 대사원이 정치에 간섭하는 것을 배제하기 위한 것이었다는 것은 잘 알려져 있다. 동시에 천황은 유교 주석서에서도 특히 지배 이데올로기 색깔이 강한 『춘추공양전春秋公羊傳』이나 『춘추곡량전春秋穀梁傳』 등을 대학의 공식적인 텍스트로 하고 대학 출신의 관료를 에조蝦夷 지배나 천도에 의해 중앙집권화를 강화하는 자기 정권의 전위로 삼았다. 헤이제이 천황平城天皇은 5위 이상의 중앙 귀족의 자식 모두에게 대학에 입학하여 유교 교육을 받을 것을 의무화했다. 나아가 사가 천황嵯峨天皇(재위 809~823)은 '나라를 경영하고 집을 다스리는 데는 글보다 좋은 것은 없으며, 몸을 세워 이름을 올리는 데는 학문보다 나은 것은 없다'라고 말하여 대학 중시 정책을 강화했다(『일본 후기日本後紀』, 고닌弘仁 3년 5월 21일 조목).

당시 대학에 입학한 귀족의 자식들은 명경도明經道(유교 사상 연구과)에서 유교의 경전, 주석, 기본 사상을 배우고, 그 후 기전도紀傳道(역사와 시문의 연구)에서 중국 역대 왕조의 역사와 명문의 작문을 배우는 것이 일반적이었다. 나아가 명법도明法道에서 율령의 격格(율령의 수정 조항)이나 식式(추가 조항)을 배우는 사람도 있었다.

구카이가 대학에서 공부한 것의 철학사에서의 의의

경국 시대 대학에서의 교육이 보여주는 가장 큰 특징은 하층이나 약소 귀족 출신의 학생이더라도 학문이 우수하면 출세의 길이 열렸다는 점이다. 구카이의 평생의 벗이자 대학 시절의 학우였던 오노노 미네모리는 사가 천황과 준나 천황淳和天皇(재위 823~833)에게 중용되어 참의종參議從 4위하의 공경으로서 활약했다. 그의 자식으로 한 시인으로도 이름 높은 오노노 다카무라小野篁(802~853), 구카이와 함께 당나라 유학에서 귀국하여 서예가로서도 유명한 다치바나노 하야나리橘逸勢(782~844) 등도 당시 대학 출신자의 대표이다.

중국에서 유력 귀족의 출신보다 과거(유교 교육 중심의 국가시험) 결과의 우열로 관료의 출세가 결정되게 되는 것은 송나라 대(일본의 헤이안 시대 후기부터 가마쿠라 초기)에 들어서부터다. 후지와라 씨 등의 유력 귀족에 속하지 않더라도 학문으로 몸을 세울 수 있었던 이 시대는 말하자면 동아시아에서 유교의 학문 중심주의의 실현을 선취한 특이한 시대였다. 그러나 다치바나노 하야나리를 비롯한 좋은 관리가 모반의 누명을 입으며 배제된 죠와의 변(842년)을 경계로 하여 후지와라 북가北家의 귀족이 정계를 점유하게 되자 학문의 우열보다 태생이나 가문을 말하게 되고, 관리 양성기관으로서의 대학은 쇠퇴하기 시작하고 경국 시대는 종언으로 향한다.

사누키(현재의 가가와현)의 호족 출신이었던 구카이가 대학 입학을 허락받고 불교를 배우기 전에 유교를 중심으로 한 한학을 철저히 배울 수 있었던 것도 이러한 경국적인 시대에 특유한 행운의 사건이었다.

쇼토쿠 태자聖德太子 시대 이후 불교와 유교는 둘 다 국교의 성격을 부여받으며, 야마토大和 조정에 의한 국가 통일에 공헌했다. 그러나 양자의 대립을 누그러뜨려 어떻게 공존시켜야 하는가 하는 사상적 틀은 헤이안 천도 이후까지 생겨나지 않았다. 구카이 는 불교인의 입장에서 이 난제에 도전했다. 그 이전에 일본에 전래한 불교가 지니고 있지 않았던 불교적인 언어 이론을 밀교 속에서 발견하고 그에 의해 유교의 중심 이론을 비판적으로 밀교에 받아들임으로써 불교와 유교의 공존을 이루어냈다.

3. 문장경국의 '정명' 이론과 구카이의 밀교적 세계관

경국 시대를 대표하는 인물로서의 구카이

구카이는 문장의 힘으로써 자기의 나아갈 길을 열어간 인물이다.

후지와라노 가도노마로藤原葛野麿(755~818)를 대사로 하는 견당선遣
唐船이 입국 예정지에서 크게 벗어난 중국 남부의 푸저우에 표류하
여 도착했을 때, 구카이가 대사를 대신하여 상륙 허가 신청서를
쓰고, 그로 인해 입국이 허용되었다. 푸저우 행정부는 처음에
수도 장안에 대한 입경 허가를 대사와 그의 측근 몇 명에게만
주었다. 선발에서 빠진 구카이는 푸저우의 장관에게 직소장을
쓰고, 대당 장안 도시의 명찰, 청룡사의 혜과화상惠果和尙으로부터
밀교의 정통을 직접 배우고, 그것을 일본에 가져올 수 있었다(『편
조발휘성령집遍照發揮性靈集』 권5, 이하 『성령집』으로 약칭). 구카이
의 문필 능력은 본고장인 대당 제국에서도 훌륭하게 통용되는
것이었다.

　　장안에 유학하고 귀국한 직후부터 구카이는 사가 천황을 비롯한
궁정의 문인들에게 그의 걸출한 글재주와 당나라의 시문을 비롯한
문물에 관한 풍부한 지식을 인정받고 활발히 교제했다. 천자,
황족, 공경, 또한 고승으로부터 종종 칙령, 외교 문서, 서한, 강의록,
전례문 등 다양한 글의 대필을 의뢰받아 그에 응답했다(『성령집』
권4~권10 외). 또한 사가 천황은 구카이에게 현재의 내각 관방에
해당하는 중무성中務省의 자리를 주었다(『고야잡필집高野雜筆集』, 상
권). 이것은 천황이 궁정의 중추에서 공식 문서 작성을 맡는 귀족
관료의 스승으로 구카이를 임명하여 그들의 문장 능력 향상을
꾀한 것이다.

　　이 시기에 구카이는 당시의 문인들을 위해 중국 전통의 음운론,

수사법 등 모든 시론詩論을 망라한 「문경비부론文鏡秘府論」(820년경 성립)을 썼다. 이 글은 교고쿠 다네카네京極爲兼(1254~1332)와 마쓰오 바쇼松尾芭蕉(1644~1694)가 애독했듯이 한문학의 보고이자 중세·근세를 관통하여 가론歌論, 능악能樂, 배해俳諧 등 다양한 문예의 발전에 이바지했다. 대학 출신 엘리트 관료로 닌묘 천황仁明天皇의 조정에서 요직을 역임한 공경, 시게노노 사다누시滋野貞主(785~852)는 『경국집』의 주 편집자를 맡았다. 그가 구카이가 지은 시 8편이라는 예외적으로 많은 시를 『경국집』에 채택한 것도 구카이가 헤이안 최초 시기 조정의 한시·한문의 작성을 주도하는 위치에 있었다는 것을 생각하면 당연할 것이다. 유학에 정통하고 시문뿐만 아니라 당나라 말 회화에 자유롭고 글에서도 천재적이었던 구카이는 문장경국 시대의 바로 총아였다고 할 수 있다.

시대적 제약을 넘어서는 구카이의 밀교적 세계관

그러나 구카이의 문필 재주를 존경하고 사랑하기도 한 궁정인에게 그는 항상 어딘가 불가해한 것을 지닌 존재였다. 그는 종종 천황으로부터 주어진 책무와 궁정의 중요 행사에의 참여를 모두 저버리고서 다카오산사高雄山寺(진고지神護寺)나 고야산高野山에 은거하고, 달의 차고 이지러짐에 이끌려 일정 기간 밀교의 수행에 전념했다. 일단 선정수행을 시작하면, '선관禪關에 한정되어' ─ 부처 보살에 맹세를 세우고 선정을 닦고 있는 한창이기 때문에

― 라고 하여 도시로부터 어떠한 의뢰나 재촉을 받아도 그에 응하지 않았다.

문장의 재능을 인정받아 국정에 관여하는 것을 지상의 영광으로 삼았던 당시의 궁정 문인들에게 구카이의 불도 수행에 무게를 두는 태도는 천황에 대한 불경이나 불충으로 비쳤을 것이다. 간무 천황의 황자였지만 신민의 신분으로 내려가 사가 천황과 준나 천황의 조정에서 좋은 관리로서 활약한 참의 요시미네노 야스요良岑安世(785~830)는 구카이 밀교의 지원자이기도 했다. 그러나 거듭되는 구카이의 은거에 대해서는 아래의 잡언시에서 말하고 있듯이 엄중하게 비판했다(『성령집』, 권1).

> 산중에 뭐가 즐거우리오.
> 끝내 그대 오래 돌아가길 잊으리.
> 하나의 비전祕典, 백 개의 누더기,
> 비에 젖고 구름에 잠겨 먼지와 함께 날아간다네.
> 공연히 굶주리고 헛되이 죽어 무슨 도움이 있으리.
> 어느 스승이 이 일을 아니라고 하지 않으리오.

야스요가 보기에는 구카이가 왕궁의 영예를 돌아보지 않고 밀교의 경전 한 권을 지니고서 비도 밤이슬도 피할 수 없는 산림의 깊숙한 곳에 몸을 숨기는 것은 전적으로 무익했다. 경문을 적은 두루마리는 산중의 습기로 손상되고 법의도 찢어져 수백 개의 토막처럼 되며, 마르면 먼지가 되어 흩날릴 정도로 수행에 처박혀 그것을 무상의 기쁨으로 하고, 마침내 도시로 돌아가는 것조차 잊어버려 굶어 죽는 것으로 끝나는 것은 유교든 불교든 어느 스승이 보더라도 인정할 수 없을 것이라고 야스요는 구카이를 경계하고 있다. 구카이는 요시미네노 야스요의 비판과 마찬가지로 잡언체로 대답한다(『성령집』, 권1).

집도 없고 나라도 없다네. 향속鄕屬을 떠남이라.

자식으로도 신하로도 있지 않고, 벌레로서 가난에 만족한다네.

골짜기에 흐르는 물 한 모금, 아침에 생명을 지탱하고, 산안개 한번 삼키면, 저녁에 정신을 기르지.

미나리 가는 풀은 몸을 덮을 만하고, 가시 삼나무 껍질은 내 요라오.

뜻 있는 하늘, 연보라 막을 드리우고, 용왕은 두터운 믿음으로 흰 장막을 펼치지.

산새는 때때로 와서 노래 한번 연주하고, 산 원숭이는 가볍게 뛰며 절륜의 솜씨를 부린다네.

봄꽃 가을 국화, 웃으며 나를 향하고, 새벽달 아침 바람 정의 티끌 씻음이라.

구카이는 이 시에서 야스요 등 당시 엘리트 문인 관료들이 의거한 경국 사상의 근간을 이루는 '정명正名' 이론을 역으로 공격하고 있다. 그리하여 스스로가 입각하는 밀교 사상이 문장경국의 세계관보다 훨씬 광대하고 그것을 포섭하고 지탱하는 것임을 보여주며 야스요에 대답한다.

정명의 이론과 그 한계

『논어』 제13편에서 공자의 제자 자로子路는 '만약 위衛나라 임금 이 선생님을 고문으로 맞이하여 국정을 맡긴다면, 국가를 개선하 기 위해 가장 먼저 착수할 것은 무엇입니까'라고 스승 공자에게 물었다. 공자는 '나는 반드시 이름을 바로잡을(정명正名) 것이다'라 고 대답했다. 그러나 자로는 스승의 의도가 이해될 수 없었기에 '선생님은 한 나라의 다스림을 위해 왜 말을 바로잡는 등의 멀리 돌아가는 일을 하시는 것입니까'라고 다시 물었다. 공자는 자로를 질책하며 좀 더 설명했다. '이름이 올바르지 않으면 곧 말이 사리에 맞지 않고, 말이 사리에 맞지 않으면 곧 일이 이루어지지 않는다. 일이 이루어지지 않으면, 곧 예와 음악이 흥하지 않고, 예와 음악이 흥하지 않으면, 곧 형벌이 합당하지 않다. 형벌이 합당하지 않으면, 곧 백성은 손발을 둘 곳이 없다.'

공자의 말은 유교의 근저에 놓여 있는 언어에 관한 견해를 잘 대변하고 있다. 말과 사물의 대응은 태고의 성인에 의해 올바르 게 정해진 것이며, 그 올바른 용법을 간직한 것이 앞 절에서 언급한 오경을 비롯한 유교의 성전으로 이해되었다. 말의 용법이어지러워지면, 언어와 사물의 대응이 상실되고 사회의 질서도 무너져 문명은 황폐화한다. 공자가 중국 역대 왕조의 황금시대로 삼은 주나라의 예와 음악을 중히 여긴 것은 주나라의 궁정 의례, 춤, 시작詩作, 음악 등이 성전이 전하는 말과 사물의 올바른 관계를 계속해서 전해주는 타임캡슐이며, 그 예와 음악을 실천함으로써 이름을 바로잡고, 요컨대 말과 사물의 올바른 대응을 재확인하는 '정명'을 행하고, 이상적인 사회 질서를 되찾을 수 있다고 생각했기 때문이다. 그것이 가능하지 않으면, 왕의 칙령을 비롯하여 율법과 법령 같은 법적 언어도 사회 질서를 유지하기 위한 타당성을 갖지 못하고, 사람들도 사회의 규칙을 잃고 매일 어떻게 손발을 움직여 행동해야 할지 알 수 없게 된다. 이렇게 공자는 말하고 있다.

『논어』 제12편에서는 제齊나라의 경공景公에게서 이상적인 정치에 관해 물음을 받았을 때, 공자는 '임금은 임금답고, 신하는 신하다우며, 아버지는 아버지답고, 아들은 아들다워야 합니다'라고 말했다. 경공은 '훌륭합니다. 진실로 임금이 임금답게, 신하가 신하답게, 아버지가 아버지답게, 아들이 아들답게 행동하지 않는다면, 한 나라가 아무리 먹을 것으로 가득 차 있더라도 인민은 그것으로 평화롭게 지낼 수 없을 것입니다'라고 말하며 공자를 찬양했다.

문장경국 시대란 '정명'의 이론을 근간으로 하는 유교적 언어가 사회관계를 올바르게 규정한다고 생각하는, 언어적 실용주의가 지배적인 시대였다고 할 수 있을 것이다. 그러나 이러한 유교적인 언어 공리론은 기성의 계급, 상하 관계, 권력, 제도를 안이하게 용인할 위험을 언제나 내포하고 있었다는 것도 사실이다. 설령 교양 있는 좋은 관리로서 조정에서 활약하더라도 본래는 개인의 창조성을 가장 잘 발휘할 수 있는 마당인 문장이나 시의 제작조차도 권력에 아첨하는 출세의 수단이 되어버리면, 그 궁정인으로서의 생활은 생기도 창조성도 없는 것으로 되어버린다.

관직이나 위계의 오르내림에 급급하면서 이를 위해서만 시문의 재능을 연마하는 것이라면, 그것은 바로 본말이 전도된 우스꽝스러운 행위이다. 이 시대에 와카和歌나 이야기 등, 경국이라는 목적에 직접 관계되지 않는 문필의 창작이 돌보아지지 않은 것은 오히려 당연하다. 문학자들은 이 시대를 '국풍(일문日文으로 쓰인 문학의) 암흑시대'라고 부르고 있다. 경국 사상은 유교적 휴머니즘의 그늘에 숨겨진, 문학을 포함하여 담론의 산출 일반에 가해진 엄격한 언어 통제였다고 볼 수도 있다.

경공에게 한 공자의 '임금은 임금답고, 신하는 신하다우며, 아버지는 아버지답고, 아들은 아들다워야 합니다'라는 말과는 대조적으로 구카이는 잡언시에서 '집도 없고 나라도 없다네. 향속을 떠남이라. 자식으로도 신하로도 있지 않다'라고 말하고 있다. 본래 출가자로서의 자신은 특정한 가문이나 국가에 대한 충성, 출신지나 호족의 굴레 등으로부터 — 요컨대 '정명적인' 질서로부터 — 자유로운 존재이며, 그 자신의 본래 모습을 되찾는 것이 산림에서의 수행이기 때문이라는 것이다. 그곳에서는 골짜기에 흐르는 물이나 안개를 머금은 대기가 궁정의 어떻게든 손에 넣은 요리나 양약보다 훌륭하게 자신의 몸과 정신(마음)을 기른다. 산속의 식물이 옷과 침대가 되고, 하늘의 둥근 천장과 날아가는 구름이 왕궁보다 나은 자신의 주거 천장과 장막이 되어 자신을 감싸준다. 새와 짐승의 놀이와 노랫소리는 궁정의 시연이나 기악伎樂보다 더 자연스럽게 아름답고 자유로이 생명 있는 것이 서로 공경하고 서로 즐거워한다는 예약의 이상을 보여주어 나를 기쁘게 해준다. 구카이는 그렇게 요시미네노 야스요에게 말을 걸어 반박하고 있다.

밀교적 세계관에 의한 정명 이론의 극복

구카이의 견지에서 보면 자신이 선정수행을 하는 산야의 대자연 이야말로 지상의 왕궁이었다. 그것이야말로 '법계궁'이라 불리는 법신불의 우주적 궁전이었다. 그에 비하면 도시나 천황의 왕궁이 자랑하는 영화도 모형 정원과 같은 자기만족에 지나지 않는다.

시시각각 변화해가는 빛과 바람, 그것들에 따라 계속해서 표정을 바꾸는 산의 표면, 나무들의 가지와 잎, 골짜기에서 메아리치는 냇물과 거친 바람 소리. 이것들 모두가 일체의 사물은 변화하기를 그치지 않는다고 하는 불교의 공성空性 가르침을 보여준다. 그 소리의 모든 것을 구카이는 선정 체험 속에서 법계궁에서 지고의 가르침을 설교하는 법신 여래의 목소리로서 들었다. 마찬가지로 눈에 보이는 모든 것을 법신불의 가르침을 적는 문자로 이루어진 경전으로서 읽고, 깨달음이라는 정신과 신체의 자유를 얻었다. 이 우주 경전은 유교의 정명 텍스트가 포착할 수 없는 광대한 것, 미세한 것, 나아가 그것들의 변전을, 요컨대 유교 경전이 '이름 지을 수 없는 것'을 적확하게 파악하기 위해 항상 바꾸어 써가는 — 변화 또는 차이로서의 공성 그 자체를 보여주는 — 동적이고 열린 텍스트이다.

「산에서 노닐며 선을 사모하는 시」라는 제목의 오언시五言詩의 몇 줄이 구카이가 지고의 것이라고 하는 경전으로서의 세계상을 잘 보여준다(『성령집』, 권1).

산의 붓끝 어두운 먹물 떨어트려
건곤乾坤은 경적經籍의 상자.
만상을 한 점에 포함하니
육진六塵을 책縑緗에서 살펴보리.

법신불이 큰 산의 실마리를 붓으로 하여 그것을 크고 넓은 바다의 먹물 못에 놀려 써 내려가는 광대무변한 책. 하늘과 땅조차 이 처음도 끝도 없는 글을 담는 경전 상자 쓰임을 이루는 것일까? 일점일획이 삼라만상을 비추어낸다. 거기에 그려진 모든 것의 색깔, 향기, 소리, 감촉, 맛, 상념(육진)이 신선하고 생기 있게 겉과 속의 표지를 장식한다. 대자연의 한가운데에서 수행할 때, 그는 세상의 모든 사태가 문자로 되어 말을 걸어오는 목소리를 들었다. 세계 그 자체가 최상의 불교 텍스트가 되어 자기를 둘러싸고 그 안에 몰입하는 법열을 얻었다.

구카이의 시상은 그 선정 체험으로부터 태어났다. 따라서 그에게 문필이란 대자연의 유구한 변화에서 배우고 흉내 내는 것이었다. 대지, 하늘, 대기로부터 받은 시상은 경국 시대가 규범으로 한 문장의 세련 한계를 여유 있게 넘어선 창조력을 만들어냈다. 넓디넓고 크디큰 자연계의 흔들림을, 그에 대한 사람의 앎을 넘어선 파괴력을, 그리고 우주에 가득 찬 음향을 붓놀림에 실어 저작할 때, 그의 작품은 정명적 관습을, 제도를, 그리고 체제조차도 뒤흔들고 변혁시키는 힘을 지녔다. 경국이라고 불리는 시대는 확실히 구카이라는 문필의 천재를 키웠다. 그러나 그것은 그에게 있어 글이, 텍스트가 자아내는 무한한 우주로 들어가는 입구일 뿐이었다.

4. 구카이의 밀교적 언어론의 세계

진언의 이론 ① '전 우주로서의 텍스트'

밀교의 근본 경전이자 법신불의 가르침 자체를 기록한 『대일경 大日經』에는 세 개의 이본이 있다고 구카이는 말한다. 첫째는 유구한

자연법이自然法爾, 요컨대 영원한 우주 그 자체로서의 『대일경』. 둘째는 용맹보살이 남인도의 철탑 상공에 나타난 텍스트를 베껴 적은 10만 개의 게송(시련)으로 이루어진 광본廣本. 셋째는 중국 당나라에서 선무외 삼장善無畏(슈바카라심하)三藏이 한역하고 구카이가 일본에 가져온 일곱 권의 소본小本. 그러나 이 소본은 그저 대본을 생략한 것이 아니라 거기에는 우주 그 자체로서의 경전 텍스트와 대본 텍스트의 내용이 남김없이 응축되어 있으며, 그 하나하나의 문자로부터는 무수한 의미가 산출된다고 한다. 이와 같은 문자의 존재 방식을 구카이는 '진언眞言'이라고 규정하고 있다.

그러면 왜 손에 들고 읽을 수 있는 텍스트의 문자에 무한한 의미를 만들어내는 그러한 힘이 갖추어져 있는 것일까? 그것을 구카이는 『대일경』에 의거하는 가운데 '진언이란 언어 일반이 성립하는 원초적 과정을 밝히는 특수한 언어이기 때문이다'('등정각等正覺의 진언은 언명 성립의 상이다')라고 설명한다. 생명을 지탱하는 호흡이 대기에 흔들려 울릴 때, 그 소리가 의식의 작용을 반영하여 의미를 지니고, 동물적인 부르짖음에서 목소리로 변화한다. 그 목소리의 소리 형태가 정해져서 — 문장, 패턴이 되어 — 항상 특정한 사물을 그 대상으로서 가리켜 보일 때, 목소리는 성, 이름 및 문자가 되며, 그에 의해 지시된 대상이 실체로서 의식에 인식됨에 따라 사물이 된다. 요컨대 원시시대와 신생아의 그것처럼 원초적 혼돈 속에 있던 의식이 특정 문화의 언어를 배워 익힘으로써 말로 구별되어 표현되고 지능이 발달하며, 그와 동시에 생물을 지탱하는 환경도 구별되어 문화적 공간이 된다(『성자실상의^{聲字実相義}』).

이 점은 바람에 관련된 일본 문자들인 凪(나기, 바람이 멎고 물결이 잔잔해짐), 凩(고가라시, 초겨울 찬바람), 颪(오로시, 산에서 불어 내려오는 바람) 등을 예로 취하면 이해하기 쉽다. 다른 언어 문화권에서는 구별되지 않는 대기의 움직임이 일본어에서는 마치 그것들이 본래 자연에 존재했던 것처럼 의식되고, 시 짓기나 작문에서 계절의 변화 표현이나 작자의 시적 정서의 투영으로 사용된다.

요컨대 말과 사물의 관계는 유교의 정명 이론처럼 원래 존재하는 사물에 올바른 라벨을 붙여가는 것과 같은 단순한 것이 아니며, 구카이에 따르면 말과 사물은 동시 발생적으로 그 근원에서 결부되어 있다. 그것을 보여주기 위해 구카이는 '차별'이라는 개념을 많이 사용한다. 차별이야말로 문장을 만들어내기 때문이다. 모든 눈으로 포착되는 사물은 색채(현顯), 형체(형形), 변화(표表)의 세 가지 측면에서 감각 기관과 의식이 상호 작용하며, 다양한 색채, 형체, 변화를 비교하여 그 차이에 따라 패턴(문장)을 인식하고, 그로부터 말이 생겨나고, 나아가 실체화된다고 한다.

나기(바람이 멎고 물결이 잔잔해짐)를 예로 들자면, 그것은 '나기'라는 말에서 연상되는 바다나 바닷가라는 장소, 아침이나 저녁이라는 시간, 나아가 나기가 속하는 바람이라는 큰 범주 등, 다양한 '나기 그 자체가 아니'라고 인식되는 사물과 긴밀히 결부되어 있다. 나기를 감각적으로 체험하게 하는 데 필수적인 파도, 모래밭, 물가, 거기에 쏟아지는 빛, 자욱한 안개나 아지랑이 등, 나기를 실체로서 두드러지게 하는, 그러나 나기가 아닌 것의 패턴, 나기라는 말이 나기로서 인정되기 위해 차이화하는, '나기가 아니지'만 그것에 관련된 것이 필요하다. 그리고 나기를 연상시키는 하나하나의 말, 나아가 그 말들을 연상시키는 그것 이외의 모든 말로부터 '나기'는 성립한다.

다시 말하면, 나기灘라는 한 문자 안에서 말로 표현할 수 있는 모든 사태를 그 연결고리로 비추어내고 있다. 이렇게 읽을 때 '나기'는, 그리고 다른 어떤 말도 '만상萬象을 한 점에 포함하는' 진언으로서 기능한다고 구카이는 이야기한다. 이리하여 말도 사물도 진언화될 때, 일상의 말로 만들어진 텍스트도, 구카이가 일본에 전한 『대일경』 일곱 권의 소본도, 모든 사물을 문자로 하는 우주 텍스트도 똑같이 진언으로 쓰인 법신 여래의 최고의 경전으로서 읽을 수 있다고 구카이는 주장한다.

진언의 이론 ② 'A 자의 부정성으로부터 산출되는 언어와 사물'

다른 한편으로 구카이는 모든 말이 산스크리트어 알파벳의 맨 앞 글자 'A'에서 시작된다고 말한다. 그것은 '아阿' 자가 인도유럽어족에 공통된 부정의 의미를 나타내는 접두어이기 때문이다. 예를 들어 죽음(므리타)의 반대어인 불사는 암리타, 아我(아트만)

의 반대어는 무아, 아나트만이다. 요컨대 '아'자는 무엇무엇'이 아니다'라는 '차별' 그 자체를 나타내는 음소이며, 따라서 이 '아'자가 우주적 법신불을 한 글자로 나타내는 종자 진언이라고 구카이는 말하는 것이다. 구카이가 산야노에서 수행한 선정을 포함하여 밀교의 수행법은 입식출식入息出息의 하나하나에 이 '아' 자를 소리내어 읊는 아자관阿字觀을 기본으로 한다. 아자관을 체득함으로써 수행자는 모든 말과 사물의 하나하나가 그 다른 모든 말과 사물을 비추는 거울이 되고 여의주가 되어가는 세상을 발견한다(『우자의阵字義』). 이 '아' 자의 선정법이라는 단순한 '의례'만 익히면 좁은 자아를 초극하여 타자를 경외하고 즐겁게 하는 것이 자연스럽게 노력함 없이 행해진다. 따라서 유교의 '예禮'나 '악樂'의 번거롭고 세밀한 규칙을 배울 필요는 없다. 이러한 이상을 보여주는 것이 밀교의 독자적인 회화인 만다라가 보여주는, 생명 있는 모든 것이 서로 이타利他를 행하는 불보살佛菩薩이 되어 살아가는 세계의 모습이다.

5. 정리 — 천황의 왕권을 진언화하다

차이를 둘러싼 현대 사상과 구카이의 다름

현대 사상의 언어론이나 기호학을 공부한 분들은 차별을 말의 기층으로 포착하는 구카이의 사고법이 소쉬르, 데리다, 크리스테바 등이 언어의 기저로서 '차이'를 강조하는 이론과 대단히 비슷하다는 것을 알아차릴 수 있을 것이다. 다만 구카이가 그들과 선을 긋는 것은 구카이가 말의 차이성을 불교의 진리인 공성空性 그 자체의 표현으로 파악하고 그것을 깨달음에 이르는 길로 자리매김하고 있다는 점이다. 요컨대 모든 것은 일체의 사물도 말도 그것'이 아닌' 것의 집적이라고 실감하면 모든 것에 대한 집착을 끊을 수 있다는 것이다.

예를 들어 '부', '명성', '권력'도 실체가 있는 것이 아니며, 그것들이 아닌 것의 반영이기 때문에, 그것에 사로잡혀 인생을 미치게 할 정도의 가치가 있는 것은 아니다. 구카이가 왕궁의 개혁을 위해 지향한 것은 '부', '명성', '권력' 등을 반드시 전면 부정하는 것이 아니라 그것을 탈중심화하는 것이었다. '부', '명성', '권력' 등을 가진 자들이 어떻게 해서 그것들을 타인을 위해 이바지하는 수단으로 변환할 수 있는가, 이를 위해 어떻게 해서 자기중심의 아집에서 벗어날 것인가? 구카이는 이 물음에 대한 답으로 진언의 밀교적 언어론을 궁정인들에게 보냈다. 제3절에서 말한 요시미네노 야스요와의 시의 교환이 그 좋은 예이다.

진언과 자음 표기와 가나 문학의 시대

구카이가 준나 천황을 위해 대필한 기원문에서는 그의 의도가 좀 더 단적으로 제시된다. 827년의 큰 가뭄을 당해 천황은 궁정에 100명의 승려를 초대하여 『대반야경大般若經』을 음송하게 하는 대규모 법회를 열었다. 이 왕궁에서의 의식에서 천황이 강우를 기원하기 위한 기원문을 준나 천황은 구카이에게 대필하게 했다. 천황 자신이 소리 내어 읽는 글의 안목으로서 구카이는 다음 구절을 마련했다. '한 경전에 따르면 라야羅惹(산스크리트어로 "왕"을 나타내는 라쟈)가 이 말의 의미에 무지하다면, 인민은 탐욕스럽고 폭력을 좋아하며 나라가 어지러워집니다. 유교의 삼강三綱(친자, 부부, 형제의 관계)도 오상五常(인, 의, 예, 지, 신)도 스러지고 가뭄과 기아가 일어나며 국토는 황폐합니다. …… 진지하게 이 가르침에 따라 몸을 바르게 하고 모두의 규범이 되도록 노력합니다.'(『성령집』, 권6)

천황이 궁정의 공식 행사에서 소리 내어 읽는 글 속에 구카이는 왕이라는 말을 보여주기 위해 왜 일부러 산스크리트어의 자음字音 표기를 사용한 것일까? 구카이가 인용한 경전(『수호국계주다라니경守護国界主陀羅尼經』)에 따르면, 라쟈의 라 소리는 왕이 왕권을 획득하고 그것을 유지하는 데 희생된 모든 자의 고뇌 외침의 집적이며, 쟈 소리는 왕이 그 권력을 사용해 사람들에게 행운을 주는 행함의 소리라고 한다. '왕'이라는 한 글자에는 왕권의 가장 끔찍한 것과 빛나는 것 양자가 포함되어 있다. 그 말의 무수한 의미를 곱씹고 자성하여 아집을 버리고 타자를 위한 선정에 힘쓰면, 왕은 이상적인 치국을 실현할 수 있다고 구카이는 준나 천황에게 말하게 하고 있다.

요컨대 구카이는 천황에게 주나라 대라는 중국 태고의 황금기로의 회귀를 목표로 하는 '정명' 이론의 복고주의를 넘어서서 왕 자신이 그 권능의 무수한 가능성으로부터 당시 일본 사회와 시대에 가장 적합한 덕치 실시의 현실적인 길을 '왕'이라는 말의 의미와 사람의 역할 양자를 진언화함으로써 보여준 것이다. 구카이가 의거한 것은 유교의 오경처럼 고정화한 성전이 아니라 시시각각으로 변화하는 대자연과 서로 겹치는 법신 여래의 우주 텍스트였다. 그것은 유교의 이론을 부정하는 것이 아니라 그것을 좀 더 커다란 밀교의 사상적 틀 속에 둠으로써 유교와 불교가 상보적으로 공존하는 길을 여는 사상적 시도였다.

사실 준나 천황 시대 이후 헤이안 궁정에서는 밀교를 중심으로 하는 의례가 급속히 늘어나며, 천황의 조정은 유교와 불교가 공존하는 공간이 되었다. 먼저 불교의 계율을 지키고 불교의 군주인 윤왕(전륜성왕)으로 군림하는 것이 천황이 유교적 천자로서 덕치를 베푸는 전제로 이해되었다. 또한 진언을 표기하는 산스크리트의 표음문자 표기가 자극을 주어 마찬가지로 표음문자인 가나假名가 태어나고, 와카와 이야기가 한시문을 누르고서 궁정 문예의 주체로서 왕성해졌다. 이리하여 시대는 크게 고대로부터 헤이안 시기로, 나아가 중세로 움직였다. 몇 세기에 걸쳐 가나 자모표로서 사용된 '이로하 노래'는 불교의 진리를 보여주는 와카를 겸하고 있다. '이로하 노래'의 작자로서 구카이가 다루어지고 있던 것이

보여주듯이 그는 그 커다란 움직임의 기점을 이루는 인물, '홍법대
사弘法大師'로서 전설화되어갔다.

☞ 좀 더 자세히 알기 위한 참고 문헌

* 구카이에 관해 쓰인 글은 매우 많지만, 본격적 연구는 19세기부터 20세기 초에 걸쳐 만들어진 종파적인 전기 및 교리 연구의 틀을 추종하는 것이 대부분으로 지금도 정체해 있다. 그 가운데서 독자가 이 장에서 기술한 구카이의 세계관이나 사상에 들어서기 위하여 유익한 소수의 작품을 골랐다.

— 미야사카 유쇼宮坂有勝 외 편, 『홍법대사 구카이 전집弘法大師空海全集』 전 8권, 筑摩書房, 1983~86년. 이 장에서 언급한 작품을 포함하여 구카이의 저작과 시문을 집대성하고, 상세한 주해와 현대어역이 덧붙어 있다. 다만 오독, 오역 등도 곳곳에서 보인다.

— 이즈쓰 도시히코井筒俊彦, 『의식과 본질 ─정신적 동양을 찾아서意識と本質 ─精神的東洋を索めて』, 岩波書店, 1983년. 이슬람 신비주의를 축으로 구카이를 포함한 동양의 철학적 전통의 현대적 의의를 묻는 글.

— 하케다 요시히토羽毛田義人, 「진언비밀유가眞言秘密瑜伽」, 『현대 밀교 강좌現代密教講座』 제4권, 大東出版社, 1975년. 아름다운 문체로 지어진 구카이의 밀교적 선정 세계에 대한 명확한 분석과 해설.

— 히사키 유키오久木幸男, 『일본 고대학교의 연구日本古代学校の研究』, 玉川大学出版部, 1990년. 문장경국 사상이 구카이가 살아간 시대의 정치 교육 체제로서 어떻게 전개되었는지를 알 수 있는 양서.

— 아베 류이치阿部龍一, 「구카이의 텍스트를 재구축한다 ─'십주심론'의 역사적 맥락과 그 현대성을 둘러싸고空海のテクストを再構築する─'十住心論'の歴史的文脈とその現代性をめぐって」, 『현대사상現代思想』 2018년 10월 임시 증간호 '불교를 생각한다.' 구카이의 대표적 저작을 그의 입적 후 몇 세기를

거쳐 성립하는 종파학의 틀로부터 해방하고, 작가 구카이 자신의 관점을 되찾음으로써 그 현대적 의미를 묻는다.

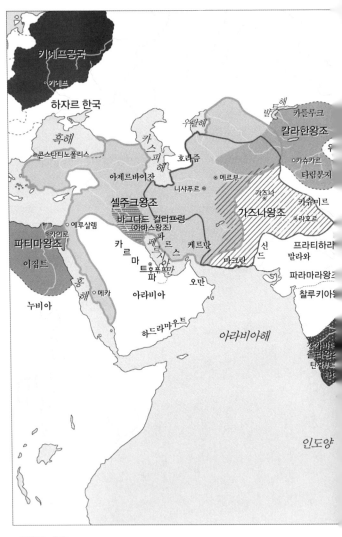

아시아(11세기)

실위

타타르

몽골

생여진

기스

요(거란)

여진

이만

상경임황부

숙여진 삼섭정여진

서하

흥경

개성

고려

황

헤이안쿄

동경 개봉부

해

일본

송(북송)

아마미

오키나와

다리 다리

류큐

태

평

양

사

파간왕조

대월국(이조)

사무

남

조

파간

중

캄보디아

국

(앙코르왕조)

비자야

해

골만

앙코르

점파

(점성)

마일

카다람

말라카

람리

나투나

브루나이

슈리비자야

방카

팔렘방

빌리톤

쿠디리왕조

후기

　'세계철학사'(전 8권)도 마침내 제3권에 도달할 수 있었다. 안온하게 있을 수는 없다. 어쨌든 세계철학사를 이야기할 때 공통된 시간 축을 설정하기는 어렵다. 세계 각지에서 사상이 동시적으로 진행한다는 것은 생각하기 어렵기 때문이다. 13세기에 들어서면 세계 시스템의 성립을 생각할 수 있다. 하지만 그 시대에도 동시적으로 진행하는 '세계철학'은 생각하기 어렵다. 순진하게 그 가능성을 믿는다면 철학이라는 것의 인간적 조건, 질료와 육체, 따라서 시간과 공간에 구속된 인간 본질을 무시하게 될지도 모른다.

　고대부터 인간은 인간이라는 것의 조건 속에서 사유하는 것에 만족하지 않고, 신과 천사가 지니는 인식을 동경하지만, 그러나 동시에 벗어나기 어려운 인간적 조건을 근거로 '철학'해왔다. '철학'(필로소피아)이라는 말이 고대 그리스에서 생겨났다고 하더라도, 철학은 인간으로밖에 있을 수 없는 자가 인간이면서도 인간인 채로는 충족하지 못하는 존재 방식이다. 그리고 그 존재 방식은 보편성을 갖춘 것이다.

직접적인 영향 관계가 발견되기 어렵다고 하더라도, 어쩌면 사상 그 자체가 보편성을 지닌 인간의 영위라고 한다면, 느슨하다 하더라도 대응 현상이 있을지도 모른다. 가마쿠라 시대의 불교 개혁 운동과 서양 중세의 탁발 수도회의 활약 사이에는 우연이라고 단언해 버릴 수 없는 대응이 놓여 있다. 대륙의 동쪽과 서쪽 사이를 바람과 같은 것이 흐르고 있는 것으로 보인다. 바로 거기에 사상의 미궁을 벗어나기 위한 '아리아드네의 실'의 한쪽 끝이 놓여 있는지도 모른다. 세계철학사는 그러한 전망과 무관하지 않을 것이다.

12세기는 해스킨스가 '12세기 르네상스'라고 표현했듯이 고대 문화의 재생 시대이기도 하다. 하지만 르네상스라는 단어에 끌려다녀서는 지나치게 고대 그리스에서 철학의 범형을 요구하게 된다. 간단히 말하면, '르네상스'라는 말은 '세계철학'에 적대적인 말이다. 르네상스를 문화의 부흥으로 포착하는 틀을 벗어날 필요가 있다. 전통 없이 문화는 성립하지 않는 이상, 르네상스가 아닌 시대란 있을 수 없기 때문이다.

이 책 제3권이 '초월과 보편'이라는 제목을 달고 있는 것도 너무나도 인간적인 영위로서의 철학을 보편적인 시각에서 포착하고 싶기 때문이다. 철학에의 뜻이여, 떨쳐 일어나라. '세계철학사'라는 대담하고 불손한 기획이 진행 중인 것은 실로 많은 분의

너그러운 응원과 지원이 있었기 때문일 뿐이다. 집필자를 대표하여 여기서 감사를 드리고 싶다. 집필을 맡아주신 분들께도 감사드린다. 또한 담당 편집자인 마쓰다 다케시松田健 씨께서는 여러 개의 인형을 다루는 꼭두각시 놀이꾼처럼 실이 엉키지 않도록 편집을 진행해주셨다. 조종하는 손끝에서 나타나는 세계철학의 드라마를 맛보아주시면 다행이다.

2020년 2월
제3권 편자 야마우치 시로

| 편자 · 집필자 · 옮긴이 소개 |

■ 편자

이토 구니타케伊藤邦武

1949년생. 류코쿠대학 문학부 교수, 교토대학 명예교수. 교토대학 대학원 문학연구과 박사과정 학점 취득 졸업. 스탠퍼드대학 대학원 철학과 석사과정 수료. 전공은 분석 철학·미국 철학. 저서『프래그머티즘 입문』(ちくま新書),『우주는 왜 철학의 문제가 되는가』(ちくまプリマー新書),『퍼스의 프래그머티즘』(勁草書房),『제임스의 다원적 우주론』(岩波書店),『철학의 역사 이야기』(中公新書) 등 다수.

야마우치 시로山內志朗 __ 제1장·후기

1957년생. 게이오기주쿠대학 문학부 교수. 도쿄대학 대학원 인문 과학연구과 박사과정 학점 취득 졸업. 전공은 서양 중세 철학·윤리학. 저서『보편 논쟁』(平凡社ライブラリー),『천사의 기호학』(岩波書店),『'오독'의 철학』(青土社),『작은 윤리학 입문』,『느끼는 스콜라 철학』(이상, 慶應義塾大学出版会),『유도노산의 철학』(ぷねうま舎) 등.

나카지마 다카히로中島隆博

1964년생. 도쿄대학 동양문화연구소 교수. 도쿄대학 대학원 인문 과학연구과 박사과정 중도 퇴학. 전공은 중국 철학·비교사상사. 저서『악의 철학 — 중국 철학의 상상력』(筑摩選書),『장자 — 닭이 되어 때를 알려라』(岩波書店),『사상으로서의 언어』(岩波現代全書),『잔향의 중국 철학 — 언어와 정치』,『공생의 프라시스 — 국가와 종교』(이상, 東京大学出版会) 등.

노토미 노부루納富信留 __ 머리말

1965년생. 도쿄대학 대학원 인문사회계 연구과 교수. 도쿄대학 대학원 인문 과학연구과 석사과정 수료. 케임브리지대학 대학원 고전학부 박사학위 취득. 전공은 서양 고대 철학. 저서『소피스트란 누구인가?』,『철학의 탄생 — 소크라테스는 누구인가?』(이상, ちくま学芸文庫),『플라톤과의 철학 — 대화편을 읽다』(岩波新書) 등.

■ 집필자

하카마다 레袴田玲 __ 제2장

1982년생. 오카야마대학 대학원 사회문화과학연구과 조교(특임). 도쿄대학 대학원 인문사회계연구과 및 프랑스 고등연구실습원에서 석사과정 수료. 도쿄대학 대학원 인문사회계연구과 학점 취득 졸업. 박사(문학, 도쿄대학). 전공은 동방 그리스도교 사상. 논문 『필로칼리아』 편찬의 배경과 신화 개념의 확산(쓰치하시 시게키土橋茂樹 편저), 『선하고 아름다운 신에 대한 사랑의 모습들『필로칼리아』 논고집』(교우사), 「삼일적 존재로서의 인간 — 그레고리오스 팔라마스 『제60강화』에서의 '신의 형상' 이해」(『에이콘 — 동방 그리스도교 연구』 제48호) 등.

야마자키 히로코山崎裕子 __ 제3장

1953년생. 분쿄대학 국제학부 교수. 조치대학 대학원 철학연구과 박사 후기과정 학점 취득 만기 졸업. 박사(문학, 쓰쿠바대학). 전공은 서양 중세 철학, 그리스도교 윤리. 저서 『교양의 원천을 찾아서 — 고전과의 대화』(공저, 創文社). 논문 "Anselm and the Problem of Evil", Anselm Studies, vol. 2(Kraus International Publications), "God who Causes Peace and Creates Evil: The Case of Anselm of Canterbury", *Silesian Historical* — *Theological Studies*, 47(1) 등.

나가시마 데쓰야永嶋哲也 __ 제4장

1968년생. 후쿠오카 치과대학 구강치학부 교수. 규슈대학 대학원 박사과정 학점 취득 졸업, 히로시마대학 대학원 박사학위 취득. 전공은 서양 중세의 언어 철학. 저서 『중세에서의 제도와 앎』(공저, 知泉書館), 『교양의 원천을 찾아서 — 고전과의 대화』(공저, 創文社), 『철학의 역사』 제3권(공저, 中央公論新社), 『서양철학사 II』(공저, 講談社選書メチエ) 등.

세키자와 이즈미關澤和泉 __ 제5장

1972년생. 동일본국제대학 고등교육 연구개발센터 교수. 교토대학 문학연구과 사상문화학·서양 철학사(중세) 석사과정 수료. 파리 제7대학 대학원 박사학위(이론·기술·기계언어학) 취득. 전공은 언어학, 서양 중세 사상사, 고등교육론. 논문 「Accessus계 텍스트는 13세기 대학의 '세 개의 정책'을 전해주는가?」(『중세사상연구』 57호), 「유럽에서 한자 수용의 초기 형태에 대하여」(『연구 동양』 5호) 등.

기쿠치 다쓰야^{菊地達也} __ 제6장

1969년생. 도쿄대학 대학원 인문사회계연구과 준교수. 도쿄대학 대학원 인문사회
계연구과 박사과정 수료. 전공은 이슬람 사상사. 저서 『이스마일파의 신화와 철학
— 이슬람 소수파의 사상사적 연구』(岩波書店), 『이슬람교 — '이단'과 '정통'의 사상
사』(講談社選書メチエ) 등.

스토 다키^{周藤多紀} __ 제7장

1973년생. 교코대학 대학원 문학연구과 준교수. 교코대학 대학원 문학연구과
박사학위 취득. 세인트루이스 대학 대학원 철학과 박사학위 취득. 전공은 서양
중세 철학. 저서 *Boethius on Mind, Grammar and Logic: A Study of Boethius'
Commentaries on Peri Hermeneias (Brill)*, 『서양철학사 II』(공저, 講談社選書メチエ)
등.

시노 요시노부^{志野好伸} __ 제8장

1970년생. 메이지대학 문학부 교수. 도쿄대학 대학원 인문 과학연구과 박사과정
수료. 전공은 중국 철학. 저서 『키워드로 읽는 중국 고전 3. 성과 광: 성인·진인·광
자』(공저, 法政大学出版局), 『지금 철학이 시작된다. — 메이지대 문학부로부터의
도전』(공저, 明治大学出版会) 등.

가타오카 게이^{片岡 啓} __ 제9장

1969년생. 규슈대학 대학원 인문 과학연구원 준교수. 도쿄대학 대학원 인문사회계
연구과 박사과정 학점 취득 졸업. 박사(문학). 전공은 인도 철학. 저서 『미망사
연구 서설』(九州大学出版会), *Kumārila on Truth, Omniscience, and Killing* (Verlag
der Österreichis-chen Akademie der Wissenschaften) 등.

아베 류이치^{阿部龍一} __ 제10장

1954년생. 하버드대학 동아시아 언어문화학부 교수, 같은 대학 라이샤워일본연구
소 일본 종교 담당 교수. 전 컬럼비아대학 종교학부장. 학력, 게이오기주쿠대학
경제학부 졸업. 존스홉킨스대학 석사(국제관계론), 컬럼비아대학 철학 석사, 같은

대학 철학박사. 전공은 밀교사, 불교와 문학·미술. 저서 *The Weaving of Mantra*(『진언의 바탕』 컬럼비아대학출판국), 「『농고지귀』의 재평가와 산림의 담론」(네모토 세이지 외 편, 『나라 헤이안 시대의 〈앎〉의 상관』, 岩田書院) 등.

야부모토 마사노리藪本將典 __ 칼럼 1

1979년생. 게이오기주쿠대학 법학부 준교수. 게이오기주쿠대학 대학원 법학연구과 후기 박사과정 학점 취득 졸업. 전공은 서양 중세 법사. 논문 「"友愛·amitié"와 "명예·honneur" — 파리 조약(1229년)을 둘러싼 분쟁 처리의 구조」(『법학연구』 85권 10호·11호), 「자치도시 툴루즈에서 상소제의 확립과 카페 왕조 시기 친왕령 정책의 모습들 — 상소 재판권을 둘러싼 집정관부와 백대관의 항쟁을 중심으로」(같은 책, 85권 제4호) 등.

가나야마 야스히라金山弥平 __ 칼럼 2

1955년생. 나고야대학 인문학연구과 교수. 교토대학 대학원 문학연구과 박사 후기과정 철학 전공(서양철학사) 수료. 교토대학 박사(문학). 전공은 서양 고대 철학. 저서 *Soul and Mind in Greek Thought*(공편저, Springer). 역서 A. A. 롱, 『헬레니즘 철학』(京都大学学術出版会), J. 아나스/J. 반즈, 『고대 회의주의 입문 — 판단 유보의 열 가지 방식』(岩波文庫) 등.

다카하시 히데미高橋英海 __ 칼럼 3

1965년생. 도쿄대학 대학원 종합문화연구과 교수. 도쿄대학 대학원 인문 과학연구과 석사과정 수료. 프랑크푸르트대학 동양학 박사. 전공은 시리아어 문헌학. 저서 *Aristotelian Meteorology in Syriac* (Brill) 등.

오쓰키 야스히로大月康弘 __ 칼럼 4

1962년생. 히토쓰바시대학 대학원 경제학연구과 교수. 히토쓰바시대학 대학원 경제학연구과 박사 후기과정 수료, 박사(경제학). 전공은 경제사, 서양 중세사, 비잔틴학. 저서 『제국과 자선. 비잔틴』, 『유럽 시공의 교차점』(이상, 創文社), 역서 『콘스탄티노플 사절기』(知泉書館) 등.

■ 옮긴이

이신철 李信哲

가톨릭관동대학교 VERUM교양대학 교수. 연세대학교 철학과를 졸업, 건국대학교 대학원에서 철학 박사학위 취득. 전공은 서양 근대 철학. 저서로『진리를 찾아서』, 『논리학』,『철학의 시대』(이상 공저) 등이 있으며, 역서로는 피히테의『학문론 또는 이른바 철학의 개념에 관하여』, 회슬레의『객관적 관념론과 근거짓기』,『현대의 위기와 철학의 책임』,『독일철학사』, 셸링의『신화철학』(공역), 로이 케니스 해크의 『그리스 철학과 신』, 프레더릭 바이저의『헤겔』,『헤겔 이후』,『이성의 운명』, 헤겔의 『헤겔의 서문들』, 하세가와 히로시의『헤겔 정신현상학 입문』, 곤자 다케시의『헤겔 과 그의 시대』,『헤겔의 이성, 국가, 역사』, 한스 라데마커의『헤겔『논리의 학』 입문』, 테오도르 헤르츨의『유대 국가』, 가라타니 고진의『트랜스크리틱』, 울리히 브란트 외『제국적 생활양식을 넘어서』, 프랑코 '비코' 베라르디의『미래 가능성』, 사토 요시유키 외『탈원전의 철학』 등을 비롯해, 방대한 분량의 '현대철학사전 시리즈'(전 5권)인『칸트사전』,『헤겔사전』,『맑스사전』(공역),『니체사전』,『현상학 사전』이 있다.

* 고딕은 철학 관련 사항

	유럽	북아프리카·서아시아·인도	중국	일본
600	7세기 전반 이시도루스가 『어원』을 저술	606 인도에서 바르다나 왕조가 성립[~647] 7세기 전반 티베트를 통일한 송첸캄포가 불교를 도입		604 17조 헌법을 제정 607 오노노 이모코 등이 수나라로 건너간다
610	613 상크트 갈렌 수도원 창립	610년경 무함마드, 신의 계시를 받다	618 수나라 멸망. 당나라 성립[~907]	610 고구려의 승려 담징, 종이·묵의 제조법을 전한다 615 쇼토쿠 태자 『법화의소』를 저술
620	622 그리스도 단의설 논쟁 시작[~681]	622 히즈라(성천), 메카로부터 메디나로.	629 현장, 구법을 위해 인도로 향한다 [~645]	
630		632 무함마드 사망. 정통 칼리프 시대로 [~661]	635 네스토리우스파(경교)의 전래 638 혜능 태어남 [~713]	
640	649 교황 마르티누스 1세, 라테라노 공의회 개최 649 요안네스 클리마코스 사망			645 다이카의 개신이 시작
650		650년경 『쿠란』이 현재의 형태로 정리된다 651 사산조 페르시아 멸망 656 알리가 제4대 정	653 공영달(孔穎達) 등에 의한 『오경정의(五經正義)』의 발포	652 반전수수법의 실시

		통 칼리프로[~661]. 제1차 내란기로 된 다		
660	662 고백자 막시모스 사망	661 우마이야 왕조가 성립[~750]	663 백촌강 전투 668 당나라, 고구려 를 멸망시키다	
670	674 이슬람군, 콘스 탄티노폴리스를 포 위하고도 격퇴당한 다 676년경 다마스코스 의 요안네스 태어남 [~749]		676 신라가 당나라를 물리치고 한반도를 통일	672 진신의 난
680	680 제3 콘스탄티노 폴리스 공의회가 열 린다[~681]	680 카르발라 사건	684 신회(神會) 태어남 [~758]	
690			694 중국에 마니교가 전해진다	
710	711 이슬람군, 이베 리아 반도 정복 개시 717 이슬람군, 콘스 탄티노폴리스를 포 위하고도 격퇴당한 다[~718]		712년경『전법보기(傳 法寶紀)』성립	710 헤이조쿄로 천도 712『고사기(古事記)』 성립
720	726 비잔틴 황제 레온 3세, 성화상 금지령을 발포. 성화상 파괴 운 동(iconoclasm) 시작되 다(최종적인 종결은 843년)			720『일본서기(日本書 紀)』성립
730	732 투르-푸아티에 전투. 프랑크 군이 무 슬림 군을 깨트리다			
740		749 아바스 왕조가 성립[~1258]		

750	751/752 카롤링거 왕조 성립 756 후-우마이야 왕조 독립. 수도는 코르도바[~1031]	750년경 벵골에서 파라 왕조가 일어난다	755 안사의 난[~763]	752 도다이 대불 개안 공양 753 당나라로부터 감진(鑑眞)이 다자이후에 도착
760		765 자파르 사디크 사망. 후계를 둘러싸고 이스마일파 등 분파 집단이 생긴다	768 한유(韓愈) 태어남[~824]	766 사이초(最澄) 태어남[~822]
770			773 유종원(柳宗元) 태어남[~819]	774 구카이 태어남[~835]
780	781 알쿠이누스, 아헨의 프랑크 왕국 궁정학교에 오다. 카롤링거 르네상스가 시작 787 제2 니카이아 공의회 개최		780 종밀(宗密) 태어남[~841]	
790				794 헤이안쿄로 천도
800	800 칼 대제, 서로마 제국 황제 대관 801/25년경 요한네스 에리우게나 태어남[~877 이후]	800년경 킨디 태어남[~870 이후]	806 백거이(白居易)「장한가(長恨歌)」가 성립	801 정이대장군 사카노우에노 다무라마로 무쓰(陸奧)로 향하다 805 사이초, 당나라로부터 귀국 806 구카이, 당나라로부터 귀국
810				814~827『능운집(凌雲集)』,『문화수려집(文華秀麗集)』(818),『경국집(經国集)』(827) 등, 칙찬 한시집이 성립
820	820 포티오스 태어남[~897]			820년경 구카이에 의해『문경비부론(文鏡秘府論)』이 성립
830		833 아바스 왕조에서		830 준나 천황의 칙령

		미흐나(이단심문)가 개시되다[~848]		에 의해 구카이가 대표 작 『십주심론(十住心 論)』, 『비장보론(秘藏寶 論)』을 저술 838 최후의 견당사 파 견
840	843 베르됭 조약에 의해 프랑크 왕국이 셋으로 분할된다	9세기 중반 타밀 지 방에서 촐라 왕조 재 흥[~13세기]	845 회창폐불(會昌廢 佛)(무종(武宗)의 불교 탄압), 마니교 탄압	842 조와의 변(承和の 變)
870		870년경 파라비, 태어 남[~950]	875 황소(黃巢)의 난 [~884]	
900		909 파티마 왕조가 성립[~1171]	904 연수(延壽) 태어남 [~975] 907 주전충(朱全忠), 당나라를 멸망시킨 다. 오대십국 시대로 [~960]	905 『고금화가집(古今 和歌集)』 편찬
910	910 클뤼니 수도원 창 립 919 작센 왕조가 시 작[~1024]			
940	949 신신학자 시메온 태어남[~1022]			
960	962 작센 왕조 오토 1세, 대관. 신성로마 제국이 성립[~1806]	962 아프가니스탄에 서 가즈나 왕조가 성 립[~1806] 969 파티마 왕조, 이 집트를 정복	960 송나라(북송)가 성립[~1127]	
980	987 프랑스, 카페 왕 조[~1328]	980 이븐 시나(아비센 나) 태어남[~1037]	983 『태평어람(太平御 覽)』이 성립	985 겐신(源信) 『왕생 요집(往生要集)』 성립
1000				1008년경 『겐씨이야 기(源氏物語)』가 성립
1010	1080 프셀로스 태어남 [~1081 이후?]	1010 『샤나메』 완성	1017 주돈이(周敦頤) 태어남[~1073]	1016 후지와라노 미 치나가(藤原道長), 섭정이 되다

1020			1020 장재(張載) 태어남[~1077]	
1030		1038 셀주크 왕조가 성립[~1194]	1032 정호(程顥) 태어남[~1085] 1033 정이(程頤) 태어남[~1107]	
1040		1048 우마르 하이얌, 태어남[~1131]	1041년경 필승(畢昇)이 활판 인쇄를 발명	
1050	1054 동서 교회의 상호 파문	1056 무라비트 왕조가 성립[~1147] 1058 가잘리 태어남[~1111]		
1060	1066 노르만인이 잉글랜드를 정복(노르만 컨퀘스트), 노르만 왕조 성립[~1154]		1060 구양수(歐陽脩) 등 찬『신당서(新唐書)』성립	
1070	1075 성직 서임권 투쟁[~1122] 1077 카노사의 굴욕 1079 아벨라르(페트루스 아벨라르두스) 태어남[~1142]			
1080	1088년경 볼로냐 대학 창립(법학)		1084 사마광(司馬光)『자치통감(資治通鑑)』성립	1086 시라카와 상황(白河上皇)에 의해 원정(院政)이 시작된다
1090	1090년경 콩슈의 기욤 태어남[~1154] 1090년경 클레르보의 베르나르두스 태어남[~1153] 1093 캔터베리의 안셀무스, 캔터베리 대주교가 된다 1095 교황 우르바누스 2세, 십자군 파견	11세기말 벵골에서 파라 왕조를 대신하여 세나 왕조가 일어난다 1096 이스마일파에 의해 니잠 알 물크 암살 1099 십자군, 예루살렘을 점령		

	을 호소한다 1096 제1차 십자군 [~1099] 1096년경 생-빅토르의 후고 태어남[~1141년경]			
1100	1100년경 베르나르두스 실베스트리스 태어남[~1160년경]			1124 츄손지(中尊寺) 금색당 건립
1120	1126 이븐 루시드(아베로에스) 태어남[~1198]		1125『벽암록(碧巖錄)』이 성립 1127 남송이 성립[~1279]	
1130		1130 무와히드 왕조가 성립[~1269]	1130 주희(朱熹) 태어남[~1200] 1139 육구연(陸九淵) 태어남[~1193]	1133 호넨(法然) 태어남[~1212]
1140	1147 제2차 십자군[~1149]	1148년경 가즈나 왕조로부터 자립하여 고르 왕조가 성립[~1215]		
1150	1150년경 페트루스 롬바르두스『명제집』간행 1154 영국 프란타지네트 왕조 성립[~1399] 12세기 중엽 아리스토텔레스의 저작이 서구로 이입된다		1159 진순(陳淳) 태어남[~1223]	1155 지엔(慈円) 태어남[~1225] 1156 호겐(保元)의 난 1159 헤이지(平治)의 난
1160		1165 이븐 아라비 무르시아에서 태어남[~1240] 1169 아이유브 왕조 성립[~1250]	1167 왕중양(王重陽), 전진교(全眞敎)를 창시한다	1167 다이라노 기요모리(平淸盛), 태정대신이 된다

1170		1179년경 젊은 이븐 아라비, 아베로에스를 만난다		1173 신란(親鸞) 태어남[~1262]
1180	1189 제3차 십자군[~1192]	1191 살라딘의 명령으로 수흐라와르디 처형		1185 헤이씨(平氏) 멸망
1190	1198 인노켄티우스 3세, 로마 교황에 선출된다. 교황권 절정기			1192 미나모토노 요리토모(源賴朝), 정이대장군이 된다
1200	1204 제4차 십자군, 콘스탄티노폴리스를 점령, 라틴 제국 건국	1206 아이바쿠, 델리에 노예 왕조를 수립하고, 북인도를 지배[~1290]	1206 칭기즈칸에 의해 몽골 제국 건국	1200 도겐(道元) 태어남[~1253]
1220		1221년경 칭기즈칸 군이 인도에 침입 이이후 몽골군의 북인도 침입이 되풀이된다		1221 조큐(承久)의 난 1221년경 『헤이케 이야기(平家物語)』 성립 1222 니치렌(日蓮) 태어남[~1282]
1230	1232 그라나다에서 나수르 왕조 성립[~1492]			
1260	1261 콘스탄티노폴리스를 탈환하고, 비잔틴 제국 재흥: 팔라이오로고스 왕조가 시작된다[~1453 비잔틴 제국 멸망] 1265년경 토마스 아퀴나스 『신학대전』 집필 개시			1266년경 『아즈마카가미(吾妻鏡)』 성립
1270			1271 쿠빌라이 칸, 국호를 대원(大元), 元으로 삼는다[~1368]	1274 분에이(文永)의 역
1290	1296 그레고리오스 팔라마스 태어남[~1357/9]	1299 오스만 튀르크가 일어난다[~1922]		

1330	1337년경 헤쉬카슴 논쟁[~1351]		
1360	1360년경 플레톤 태어남[~1452]		

책임편집 이토 구니타케+야마우치 시로+나카지마 다카히로+노토미 노부루
옮 긴 이 이신철

세계철학사 1 — 고대 I

세계철학사 6 — 근대 I

세계철학사 3

초판 1쇄 발행일 2023년 05월 15일

엮은이 이토 구니타케+야마우치 시로+나카지마 다카히로+노토미 노부루
기 획 문형준, 복도훈, 신상환, 심철민, 이성민, 이신철, 이충훈, 최진석
편 집 신동완
관 리 김장미
펴낸이 조기조
발행처 도서출판 b
인쇄소 주)상지사P&B
등 록 2003년 2월 24일 제2006-000054호
주 소 08772 서울특별시 관악구 난곡로 288 남진빌딩 302호
전 화 02-6293-7070(대)
팩 스 02-6293-8080
이메일 bbooks@naver.com
누리집 b-book.co.kr

책 값 30,000원
ISBN 979-11-89898-90-8 (세트)
ISBN 979-11-89898-93-9 94140